시원스쿨
처음토익
기출 VOCA

시원스쿨 처음토익
기출 VOCA

초판 2쇄 발행 2020년 3월 23일
개정 5쇄 발행 2023년 11월 10일

지은이 시원스쿨어학연구소
펴낸곳 (주)에스제이더블유인터내셔널
펴낸이 양홍걸 이시원

홈페이지 www.siwonschool.com
주소 서울시 영등포구 국회대로74길 12 남중빌딩 시원스쿨
교재 구입 문의 02)2014-8151
고객센터 02)6409-0878

ISBN 979-11-6150-301-1
Number 1-110404-02020407-04

시원스쿨
처음토익
기출 VOCA

|머리말|

토익은 시작이 중요해!

시원스쿨 처음토익 기출 VOCA

졸업, 취업, 승진, 이직, 공무원 시험 등의 첫 관문인 토익
토익을 처음 시작하는 분들은 대체 무엇부터 시작해야 할지 막막하시겠죠.

서점에 가서 이 책 저 책을 들춰봐도
이렇게 많은 양을 언제 다 공부할 수 있을지 한숨만 나오고
무엇보다도 어떻게 해야 가장 효율적으로 단어 공부를 할 수 있을지 답답할
것입니다.

그런 분들의 마음에 깊이 공감하는 기초 영어의 명가 시원스쿨은
토익을 처음 시작하는 분들이 단 한 권으로 쉽고 재미있게 토익 단어를
마스터하도록 혼신을 다해 시원스쿨 처음토익 기출 VOCA를 개발하였습니다.

1. 암기에 도움이 되는 모든 학습 장치가 있습니다.

모든 단어에 미국식 발음을 기준으로 한 알파벳 발음기호와 실제 발음과 가장
근사한 한글 표기를 제공합니다.

또한 모든 페이지에 단어를 바로 연상할 수 있도록 도와주는 삽화를 수록하여 오래
기억할 수 있습니다.

2. 핵심만 다루기 때문에 학습 분량이 적당합니다.

하루 30단어씩 20일만 공부하면 지금까지 출제된 토익 어휘의 기출 포인트를
대부분 정복할 수 있기 때문에 토린이도 시험장에서 안심하고 문제를 풀 수
있습니다.

3. 시험 전 최종 마무리가 확실합니다.

실제 시험과 매우 유사하게 변형한 기출 문제들로 구성된 RC Part 5, 6, 7 어휘
실전 테스트 20회분을 제공합니다. 또한 토익에서 문법 또는 어휘와 연계하여 매달
6문항 정도 꾸준히 출제되는 전치사들을 분석한 토익 전치사 기출 포인트 자료를
제공함으로써 물샐틈없는 최종 마무리가 되도록 하였습니다.

시원스쿨어학연구소 드림

목차

부록
- 토익 어휘 실전 TEST 20회분 문제지

온라인 제공 프리미엄 부록 (lab.siwonschool.com)
- MP3 오디오북
- 토익 어휘 실전 TEST 20회분 해설지
- 토익 최빈출 전치사
- LC 주제별 표현

① **②**

001 ★★★

③ specialize

④ 스페셜라이즈
[spéʃəlaiz]

⑤ ⑧ 전문으로 하다

기출

· specialize in serving freelance writers in the Chicago area
시카고 지역의 자유 기고가들을 위한 서비스 제공이 전문이다

· the rental store that specializes in multifunctional office devices
다용도 사무 기기들을 전문으로 하는 대여점

· hire a local studio specializing in product photography
제품 사진을 전문으로 하는 지역 스튜디오를 고용하다

파생어

⑧ special ⑧ 특별한
specially ⑨ 특별하게

⑨ 꿀팁 전문 분야 앞에 전치사 in을 사용

002 ★★★

facility

뻐실러티
[fəsíləti]

⑧ 시설, 시설물

기출

· sign up for a guided tour of the facility
가이드가 안내하는 시설 견학을 신청하다

⑦ · have a recreation center and other facilities
여가 활동 센터와 기타 시설들이 있다

· The facility houses laboratory equipment.
그 시설에는 실험 설비가 갖춰져 있다.

파생어

facilitate ⑧ 촉진하다, 용이하게 하다

❶ 표제어 순서

토익 빈출 주제별로 구성한 Day 내에서 정답으로 자주 출제되는 빈도 순으로 표제어를 구성

❷ 정답 빈도

토익 Part 5 & 6에서 정답으로 출제된 빈도 표시

★★★★★ 21회 이상
★★★★ 16-20회
★★★ 11-15회
★★ 6-10회
★ 1-5회

❸ 기출 표제어

토익 Part 5 & 6 정답 출제 단어들 가운데 필수 600단어 선별

❹ 발음 표시

알파벳 발음기호 및 실제 발음과 가장 가까운 한글 표기 모두 제공

❺ 기출 뜻

토익에서 정답으로 출제된 모든 의미를 정확히 구분하여 제시

❻ 삽화

기출 단어의 포인트를 쉽게 이해하도록 돕는 동시에 딱딱한 어휘 학습에 재미를 주는 요소

❼ 기출 예문

최근 10년간 토익 Part 5 & 6 빅데이터 중에서 정답으로 출제된 약 2,500개의 기출 포인트를 추출
– 빠르고 쉽게 암기하도록 숙어 형태로 제공

❽ 기출 파생어

정답으로 출제된 약 800개의 파생어를 통해 품사와 어휘 유형을 완벽 대비

❾ 꿀팁

꼭 알아두어야 할 출제 경향을 통해 시험 직전 초고속 과외 가능

– 다음의 학습 진도를 참조하여 학습합니다.
– 부록으로 제공되는 토익 어휘 실전 TEST도 함께 풀어봅니다.

20일 완성 학습 플랜

1일	2일	3일	4일	5일	TEST
DAY 01	DAY 02	DAY 03	DAY 04	DAY 05	TEST 1-5
6일	7일	8일	9일	10일	TEST
DAY 06	DAY 07	DAY 08	DAY 09	DAY 10	TEST 6-10
11일	12일	13일	14일	15일	TEST
DAY 11	DAY 12	DAY 13	DAY 14	DAY 15	TEST 11-15
16일	17일	18일	19일	20일	TEST
DAY 16	DAY 17	DAY 18	DAY 19	DAY 20	TEST 16-20

10일 완성 학습 플랜 (초단기)

1일	2일	3일	4일	5일	TEST
DAY 01-02	DAY 03-04	DAY 05-06	DAY 07-08	DAY 09-10	TEST 1-10
6일	7일	8일	9일	10일	TEST
DAY 11-12	DAY 13-14	DAY 15-16	DAY 17-18	DAY 19-20	TEST 11-20

사무 환경 / 비품

familiar

fill

remove

replace

vulnerable

Replace Revise

Replace(교체하다) 사람 또는 사물을 다른 사람 또는 사물로 바꿈

Revise(수정하다) 글에서 하나의 내용을 다른 내용으로 바꿈

001 ★★★

specialize
스**페**셜라이즈
[spéʃəlaiz]

동 전문으로 하다

기출

- specialize in **serving freelance writers in the Chicago area**
  시카고 지역의 자유 기고가들을 위한 서비스 제공이 전문이다

- **the rental store that** specializes in **multifunctional office devices**
  다용도 사무 기기들을 전문으로 하는 대여점

- **hire a local studio** specializing in **product photography**
  제품 사진을 전문으로 하는 지역 스튜디오를 고용하다

파생어

special **형** 특별한
specially **부** 특별하게

🧴 **꿀팁** 전문 분야 앞에 전치사 in을 사용

002 ★★★

facility
뿨**실**러티
[fəsíləti]

명 시설, 시설물

기출

- **sign up for a guided tour of the** facility
  가이드가 안내하는 시설 견학을 신청하다

- **have a recreation center and other** facilities
  여가 활동 센터와 기타 시설들이 있다

- **The** facility **houses laboratory equipment.**
  그 시설에는 실험 설비가 갖춰져 있다.

파생어

facilitate **동** 촉진하다, 용이하게 하다

003 ★★★

allow
얼**라**우
[əláu]

동 허용하다, 여유를 두다

기출

- allow guests to upgrade their room for free
  손님들이 무료로 객실을
  업그레이드하도록 해주다

- be allowed to enter the classified area
  기밀 장소에 출입하도록 허용되다

- allow restricted access to
  ~에 대한 제한적인 접근을 허용하다

- allow two to five days for delivery
  배송에 2~5일의 여유를 두다

파생어

allowance **명** 허용(량), 수당, 비용

004 ★★

obtain
업**테**인
[əbtéin]

동 얻다, 획득하다

기출

- obtain approval from the head office
  본사로부터 허가를 얻다

- obtain a commercial driver's license
  영업용 차량 운전 면허를 따다

- obtain renter's insurance for accidental losses
  불의의 손실에 대비하여 임대차보험에 가입하다

- obtain a visitor pass at the front gate
  정문에서 방문자 출입증을 받다

replace
뤼플**레**이스
[ripléis]

동 교체하다, 대체하다

기출

· replace our current e-mail system
우리의 현 이메일 시스템을 교체하다

· replace John as marketing manager
마케팅 부장으로 존을 대체하다

· The system will be replaced by a new one.
시스템이 새 것으로 교체될 것이다.

파생어

replacement 명 교체(품), 후임(자)

appropriate
어프**로**우프뤼엇
[əpróupriət]

형 적합한, 적절한

기출

· recommend an appropriate place
적절한 장소를 추천하다

· be considered[deemed] appropriate for the position
직책에 적합하다고 여겨지다

· appropriate handling of confidential information
올바른 기밀 정보 취급

· it is not appropriate to do
~하는 것은 적절하지 않다

파생어

appropriately 부 적합하게, 적절하게

007 ★★

properly
프**롸**퍼ㄹ얼리
[prápərli]

틘 제대로, 적절하게

기출

- work[function] properly
  제대로 작동하다

- should be disposed of
  properly
  제대로 폐기되어야 하다

- make sure that the device is
  properly installed
  반드시 기기가 제대로 설치되도록 하다

파생어

proper **형** 제대로 된, 적절한

008 ★★

including
인클**루**-딩
[inklú:diŋ]

전 ~을 포함하여

기출

- all members including the
  director
  부장을 포함한 전 부서원

- office supplies including
  pens, staples, and post-it
  notes
  펜, 스테이플러, 포스트잇 메모장을
  포함한 사무용품

- answer all questions within
  24 hours, including those
  posted on our Web site
  웹사이트에 올라온 것을 포함해 모든
  질문들을 24시간 이내에 답변하다

파생어

include **동** 포함하다

009 ★★

supply
써플**라**이
[səplái]

동 공급하다
명 공급, 용품, 물자

기출

- supply all the materials needed for the construction project
  공사 프로젝트에 필요한 모든 자재들을 공급하다

- supply all new staff with personalized business cards
  모든 신입사원들에게 개별 명함을 지급하다

- order office supplies
  사무용품을 주문하다

010 ★★

original
어**뤼**줘널
[ərídʒənəl]

형 본래의, 독창적인, 원본의
명 원본

기출

- present the original receipt
  원본 영수증을 제시하다

- create original artworks
  독창적인 예술 작품을 만들다

- The originals must be retained in a safe place.
  원본은 안전한 곳에 보관되어야 한다.

- the coffee shop, originally a restaurant
  원래는 식당이었던 커피숍

파생어

originally 부 원래, 처음에

011 ★★

continually
컨**티**뉴얼리
[kəntínjuəli]

(부) 계속, 꾸준히

기출

- continually deliver excellent customer service
  우수한 고객 서비스를 꾸준히 제공하다

- continually update one's equipment
  장비를 꾸준히 최신화하다

- due to continuous improvements in quality
  지속적인 품질 개선으로 인해

파생어

continual (형) 반복되는
continuous (형) 끊임없는, 지속적인

012 ★★

distribute
디스트**뤼**븟
[distríbjuːt]

(동) 배포하다, 유통하다, 분배하다

기출

- distribute gift pens to members
  선물용 펜을 회원들에게 나눠주다

- distribute funds evenly among members
  회원들간에 자금을 균등하게 분배하다

- a fair distribution of funding
  자금의 공정한 분배

파생어

distribution (명) 배포, 유통, 분배

appearance

어**피**어뤈스

[əpíərəns]

® 외관, 외형, 외모, 등장, 출연

- maintain[improve] the appearance of the office
  사무실의 외관을 관리하다[개선하다]

- make a special appearance at the convention
  총회에 특별 출연을 하다

- redesign its appearance
  외관을 다시 설계하다

파생어

appear ⑧ ~처럼 보이다, 나타나다

---

current

커뤈(트)

[kə́:rənt]

® 현재의

기출

- all expenses for the current year
  올해 지출한 모든 비용

- add new members to the current staff
  현재 직원 규모에 충원을 하다

- review the current regulations
  현행 규정을 검토하다

- currently out of stock
  현재 재고가 없는

- currently unavailable
  현재 이용할 수 없는

파생어

currently ⑨ 현재, 지금

015 ★★

retain
뤼**테**인
[ritéin]

016 ★★

equipment
이**큅**먼(트)
[ikwípmənt]

동 유지하다, 보관하다

명 장비

- retain the receipt for one's records
  기록용으로 영수증을 보관하다

- retain copies of all sales documents
  판매 자료 사본을 모두 보관하다

- retain one's previous status
  이전의 상태를 유지하다

- retain one's current clients even after the relocation
  이전 후에도 현재의 고객들을 유지하다

- an inventory of the electronic equipment
  전자기기 재고 목록

- safety equipment
  안전 장비

- fully equipped
  장비를 완전히 갖춘

equipped 형 (장비를) 갖춘, 장착된(with)

comfortable
컴**뿨**ㄹ터블
[kʌ́mfərtəbl]

⑧ 편안한, 안락한, 쾌적한

· install comfortable chairs
안락의자를 설치하다

· make the waiting room more comfortable for patients
환자들에게 더욱 편안한 대기실을 만들다

· create a comfortable work environment
편안한 근무 환경을 만들다

파생어

comfort ⑧ 위로하다
⑨ 위로, 편안

---

content
칸텐(트)
[kántent]

⑨ 내용(불가산), 내용물(가산)

기출

· The movie content is based on a true story.
그 영화의 내용은 실화를 바탕으로 한다.

· use caution when handling boxes with fragile contents
파손되기 쉬운 내용물이 든 상자들을 다룰 때 주의하다

· all content on the Web site
웹 사이트의 모든 내용

꿀팁 글이나 창작물의 내용을 가리킬 때는 글 전체의 '주제'를 의미하며 불가산명사로 취급하지만, 책의 목차는 여러 챕터의 주제들이 모인 것이라서 복수형 contents를 사용. 그리고 용기 안에 들어있는 내용물을 나타낼 때는 가산명사로 사용

019 ★

familiar
뿨**밀**려ㄹ
[fəmíljər]

® 익숙한, 친숙한

- be familiar with accounting theory
  회계 이론을 잘 알고 있다

- be unfamiliar with the new digital camera
  새로 나온 디지털 카메라에 익숙하지 못하다

파생어

familiarize ® 익숙하게 하다
unfamiliar ® 익숙하지 않은

020 ★

inventory
인붠터뤼
[ínvəntɔːri]

® 재고

기출

- reduce the inventory
  재고를 줄이다

- expand the inventory
  재고를 확대하다

- maintain an impressive inventory
  인상적인 재고를 유지하다

- eliminate excess inventory
  과잉 재고를 처분하다

021 ★

describe
디스크**롸**입
[diskráib]

동 묘사하다, 설명하다

- describe the missing item clearly
  분실물을 명확하게 묘사하다

- describe areas of growth during the past year
  지난해 동안 성장한 분야에 대해 설명하다

- describe Mr. Butler as an energetic employee
  버틀러 씨를 활력이 넘치는 직원으로 묘사하다

- provide enough details in the product descriptions
  제품 설명서에 매우 상세한 설명을 제공하다

description **명** 묘사, 설명

022 ★

removal
뤼**무**뷜
[rimú:vəl]

명 제거, 없앰

- removal of the warranty sticker
  제품 보증 스티커의 제거

- removal of persistent stains
  심한 얼룩의 제거

- specialize in the removal of waste products
  폐기물 제거를 전문으로 하다

remove **동** 제거하다

023 ⭐

function

뻥션

[fʌ́ŋkʃən]

명 기능, 역할, 의식, 행사

동 기능하다

기출

- ensure that all of the office equipment always functions properly
  모든 사무 장비들이 항상 제대로 작동하도록 하다

- accommodate up to 40 guests comfortably for private or business functions
  사적인 또는 비즈니스 행사를 위해 40명의 손님들까지 편안하게 수용하다

파생어

---

functional **형** 기능하는, 작동하는

024 ⭐

vulnerable

뷸너러블

[vʌ́lnərəbl]

형 취약한

기출

- be more vulnerable to damage while in normal usage
  일반적 사용 환경에서 훼손에 더 취약하다

- Conventional hard drives, more vulnerable to damage, are recommended to be replaced with more secure SSD drives.
  손상에 취약한 기존 하드디스크들을 더 안전한 SSD로 교체할 것을 권고합니다.

파생어

---

vulnerability **명** 취약성

025 ⭐

keep
키입
[kiːp]

동 ~의 상태를 유지하다,
~ 계속하다, 보관하다

기출

- keep customers satisfied
  고객들을 계속 만족시키다

- keep up with advances in
  technology
  기술의 발전에 발맞춰가다

- keep records of all expenses
  모든 비용을 기록해 두다

- in keeping with company
  policy
  회사의 정책을 준수하여

파생어

keeping **명** 보존, 저장, 관리, 조화, 준수

026 ⭐

enter
엔터ㄹ
[éntər]

동 들어가다, 입력하다

기출

- put on protective gear prior
  to entering the factory
  공장에 들어가기 전에 보호장구를
  갖추다

- be permitted to enter the
  laboratory
  실험실 출입이 허용되다

- enter one's account number
  and password
  계좌번호와 비밀번호를 입력하다

파생어

entry **명** 출품(작), 응모(작), 입장

027 ★

setting
쎄팅
[sétiŋ]

명 환경, 배경

기출

- smoothly communicate with clients in both business and social settings
  업무와 사교 환경 모두에서 고객들과 원활하게 소통하다

- a pleasant conference setting
  쾌적한 회의 환경

- be frequently used in many office settings
  많은 사무환경에서 흔히 사용되다

028 ★

fill
쀌
[fil]

동 채우다

기출

- fill the open positions
  공석을 충원하다

- fill the box with books
  상자를 책들로 채우다

- fill out a registration form
  등록 양식을 완성하다

remove
뤼**무**웁
[rimúːv]

⑧ 제거하다

기출

• use a dry cloth to remove dirt
먼지 제거를 위해 마른 헝겊을 사용하다

• be removed from the list
목록에서 제거되다

파생어

removable ⑨ 제거할 수 있는

load
로웃
[loud]

⑧ (짐을) 싣다, 적재하다
⑨ 짐, 부담

기출

• load paper into the copy machine
종이를 복사기에 탑재하다

• transport large loads
큰 짐을 운반하다

• correct loading procedures
올바른 적재 절차

• unload fragile items with great care
매우 주의해 깨지기 쉬운 물품을 내리다

파생어

unload ⑧ (짐을) 내리다, 하역하다

| DAY 2 |
회의

briefly

immediately

QR코드
단어, 뜻, 기출 예문 음원을
다운로드하실수 있습니다.

source

upcoming

various

Briefly Promptly

Briefly(잠시) 하나의 행위가 이루어지고 종료한 시간 간격이 짧음을 나타냄
Promptly(즉시) 두 행위가 발생한 시간 간격이 매우 짧음을 나타냄

promptly
프**띾**픗(틀)리
[prámptli]

부 즉시, 제 시간에, 지체 없이

기출

- complete the task promptly
  신속하게 임무를 마치다

- begin promptly at 3 P.M.
  오후 3시 정각에 시작하다

- appreciate your prompt payment
  빠른 지불에 감사하다

파생어

prompt **형** 신속한, 시간을 엄수하는
       동 유발하다, 촉발하다

review
뤼**뷰**-
[rivjú:]

동 검토하다
명 검토, 평론, 평가, (사용) 후기

기출

- review the enclosed instructions
  동봉된 지시사항을 검토하다

- be reviewed by a panel of expert judges
  전문 심사위원단에 의해 검토되다

- receive positive reviews from + 사람
  ~로부터 긍정적인 평가를 받다

파생어

reviewer **명** 비평가, 사용후기 작성자

033 ★★★★

attend
어**텐**(드)
[əténd]

034 ★★★★

immediately
이**미**디엇(틀)리
[imíːdiətli]

동 참석하다

기출

- attend tomorrow's meeting
  내일 회의에 참석하다

- sign up to attend the workshop
  워크숍에 참석하기 위해 신청하다

- be eligible to attend
  참석할 자격이 있다

- well attended
  참석률이 높은

파생어

attendance **명** 참석, 참석률
attendee **명** 참석자

부 즉시, 당장

기출

- in order to activate your membership immediately
  회원권을 즉시 활성화시키기 위해

- immediately after signing the contract
  계약서에 서명한 직후에

- report to the security desk immediately upon arrival
  도착 즉시 보안 창구에 신고하다

- immediate feedback
  즉각적인 피드백

파생어

immediate **형** 즉각적인

particular
퍼ㄹ**티**큘러ㄹ
[pərtíkjulər]

ⓜ 세부사항
ⓗ 특별한, 특정한, 개인의

기출

- in particular
  특히

- read the particulars of the business plan
  사업 계획의 세부사항들을 읽다

- based on one's expertise in a particular area
  특정 분야에 있어서의 전문성을 기반으로

- pay particular attention to
  ~에 특별한 관심을 기울이다

hold
호울(드)
[hould]

ⓓ (행사를) 열다, 개최하다, 보유하다

기출

- hold a feedback meeting
  의견을 듣는 회의를 열다

- A reception party will be held tomorrow evening.
  환영 파티가 내일 저녁에 열릴 것이다.

- be held in the main conference room
  주 회의실에서 열리다

- be held responsible for
  ~에 대한 책임을 지다

037 ★★★

propose
프뤄**포**-즈
[prəpóuz]

038 ★★★

upcoming
업커밍
[ʌ́pkəmiŋ]

🔵동 제안하다

🔵형 다가오는, 곧 있을

기출

- if you have ideas you would like to propose
  제안하고 싶은 아이디어가 있다면

- review the proposed seating chart
  제안된 좌석 배치도를 검토하다

- approve the proposed changes
  제안된 변경사항들을 승인하다

파생어

proposal 🔵명 제안(서)

기출

- inquire about the upcoming renovation
  곧 있을 개조 공사에 대해 문의하다

- I am writing regarding the upcoming conference.
  다가오는 총회에 대해 편지를 씁니다.

- do research for her upcoming novel
  다음 소설을 위한 조사를 하다

039 ★★★

finally
빠이널리
[fáinəli]

🔵 마침내, 드디어

기출

- be finally accepted by the management
  경영진에 의해 마침내 수락되다

- be finally able to finish the report
  마침내 보고서 작성을 마칠 수 있다

- finalize the details of the deal
  계약의 세부사항을 마무리 짓다

- the final approval
  최종 승인

파생어

finalize 🔵 마무리 짓다
final 🔵 최종적인, 마지막의

040 ★★★

innovative
이너붸이팁
[ínəveitiv]

🔵 획기적인, 혁신적인

기출

- design an innovative advertising campaign
  혁신적인 광고 캠페인을 기획하다

- an innovative approach
  혁신적인 접근법

- an innovative time-saving measure
  혁신적인 시간 절감 방안

파생어

innovate 🔵 혁신하다
innovation 🔵 혁신
innovatively 🔵 혁신적으로

041 ★★★

clearly
클리얼리
[klíərli]

🔸 분명히, 또렷하게

- describe the nature of the problem clearly
  문제의 본질을 명확하게 기술하다

- be stated quite clearly
  매우 명확하게 진술되다

- John, clearly a very skilled technician
  분명히 매우 숙련된 기술자인 존

- have clearly increased during the last ten years
  지난 10년간 분명히 증가하다

042 ★★

briefly
브립(쁠)리
[bríːfli]

🔸 간단히, 잠시

기출

- briefly review the results
  결과를 간략하게 검토하다

- briefly explain the agenda
  회의 안건을 간략하게 설명하다

- visit the head office only briefly
  아주 잠깐 동안 본사를 방문하다

- be briefly delayed due to a minor problem
  사소한 문제로 인해 잠깐 지연되다

primarily

프라이**메**뤌리
[praimérəli]

🔹 주로

- often travel to China,
  primarily to Shanghai
  중국에 자주 가는데, 주로 상하이에
  간다

- be primarily responsible for
  quality control
  주로 품질 관리를 맡고 있다

- work primarily on
  주로 ~에 대한 일을 하다

- a primary responsibility
  [duty, mission]
  주요 직무

파생어

primary 🔹 주된, 중요한

---

presentation

프레전**테**이션
[prezəntéiʃən]

🔹 발표, 제시, (선물, 상) 증정

기출

- presentation about the new
  software
  새 소프트웨어에 대한 발표

- give[make] a presentation
  발표하다

- during the multimedia
  presentation
  멀티미디어를 이용한 발표 중에

- prepare a comprehensive
  presentation on workplace
  policies
  근무 정책에 대한 종합적인 발표를
  준비하다

045 ★★

concerning
컨**써**ㄹ닝
[kənsə́ːrniŋ]

중 ~에 관하여

기출

- further information concerning the conference schedule
  회의 일정에 대한 더 상세한 정보

- hold a press conference concerning the merger
  합병에 대해 기자회견을 열다

- send a reminder to all employees concerning the upcoming training seminar
  모든 직원들에게 곧 있을 교육 세미나에 대해 상기시키다

파생어

concern 명 우려, 걱정, 관심사
       동 우려시키다, 관련되다

046 ★★

rapidly
래핏(을)리
[rǽpidli]

부 빠르게, 신속히

기출

- the rapidly growing field
  빠르게 성장하는 분야

- the rapidly approaching deadline
  빠르게 다가오는 마감일

- replace the old machine as repidly as possible
  낡은 기계를 가급적 빨리 교체하다

파생어

rapid 명 빠른, 신속한

advantage

앳**밴**티쥐

[ædvǽntidʒ]

report

뤼**퍼**ㄹ옷

[ripɔ́ːrt]

명 장점, 유리한 점

명 보고서
동 보고하다

기출

- submit a progress report
  진행 보고서를 제출하다

- report numerous manufacturing problems
  여러 제조상 문제들을 보고하다

- write a brief report on
  ~에 대해 간단한 보고서를 작성하다

- a reported sum of two million dollars
  보고된 2백만 달러의 총액

파생어

reported **형** 보고된, 보도된
reportedly **부** 보도에 따르면, 전하는 바에 의하면

기출

- have significant competitive advantage
  상당한 경쟁 우위를 가지다

- have a considerable advantage over one's competitors
  경쟁자들보다 상당한 우위를 지니다

- take advantage of the new facility
  새로운 시설을 잘 활용하다

049 ★★

various
붸어뤼어스
[vέəriəs]

050 ★★

advise
앳봐이즈
[ædváiz]

형 여러 가지의, 다양한

동 조언하다, 충고하다, 알리다, 자문하다

기출

- be advised to register in advance
  미리 등록하도록 권고되다

- advise Ms. Tovar of the schedule changes
  토바 씨에게 일정 변경에 대해 알리다

- on the advice of a financial consultant
  재무 상담가의 조언에 따라서

파생어

advice 명 충고
advisable 형 바람직한
advisor 명 고문
advisory 형 자문의

기출

- combine information from various sources
  다양한 소스로부터 나온 정보를 종합하다

- vary from company to company
  회사마다 다르다

- varying sizes
  다양한 크기

파생어

vary 동 다양하다, 변하다
varying 형 다양한
variable 형 변하기 쉬운, 가변적인

051 ★★

suggestion
써**줴**스쳔
[səgdʒéstʃən]

명 제안, 제시, 암시

기출

- seek[collect] suggestions from
  ~로부터 제안을 구하다[모으다]

- make a suggestion
  제안하다

- be open to customer suggestions
  고객 제안에 대해 열린 마음을 갖다

파생어

suggest **동** 제안하다, 암시하다

052 ★

conference
칸뻐뤈스
[kánfərəns]

명 회의, 협의회

기출

- attend conferences regularly
  정기적으로 총회에 참석하다

- at the press conference
  기자회견에서

- cancel the conference due to bad weather
  악천후로 회의를 취소하다

053

impress

임프**뤠**스
[imprés]

동 감동시키다, 인상을 주다

기출

- be impressed by Mr. Smith's presentation
  스미스 씨의 발표에 감탄하다

- an impressive résumé
  인상적인 이력서

- leave an impression on
  ~에게 인상을 남기다

파생어

impressive **형** 인상적인
impressed **형** 감명받은
impression **명** 인상

 꿀팁 impress가 감정동사이지만 사물을 수식할 때는 현재분사가 아니라 형용사 impressive가 정답으로 출제됨

054 ★

clear

클**리**어ㄹ
[kliər]

형 분명한, (날씨가) 맑은, 깨끗한
동 치우다, 맑아지다

기출

- clear instructions
  명확한 설명

- clear debris from the driveway
  진입로에서 잔해들을 치우다

- the clearly visible sign
  분명하게 눈에 띄는 표지판

파생어

clearly **부** 분명히, 명확하게

055 ★

strongly
스추**륑**리
[stró:ŋli]

🔵 강력하게, 적극적으로

기출

- be strongly encouraged [recommended] to do
  ~할 것이 적극 권고되다

- be strongly committed to -ing
  ~하는 데 적극 헌신하다

- strongly agree with your suggestion
  당신의 제안에 전적으로 동의하다

파생어

strong 🔵 강력한
strength 🔵 장점, 힘
strengthen 🔵 강화하다

056 ★

explain
익스플**레**인
[ikspléin]

🔵 설명하다, 해명하다

기출

- explain the new policy to staff members
  직원들에게 새로운 정책을 설명하다

- Details are explained in the employee handbook.
  세부 내용은 직원 안내서에 설명되어 있다.

- give[offer] a detailed explanation of
  ~에 대해 상세한 설명을 제공하다

파생어

explanation 🔵 설명, 해명

057 ★

conclude

컨클**루**웃

[kənklúːd]

동 종료하다, 결론 내리다

기출

- conclude on May 31
  5월 31일에 종료하다

- conclude with a short speech
  짧은 연설로 마무리되다

- conclude that there is a need for more parking spaces
  주차 공간을 늘릴 필요성이 있다는 결론을 내리다

파생어

conclusion 명 종료, 결론

058 ★

source

써ㄹ스

[sɔːrs]

명 근원, 출처

기출

- the main source of inspiration
  영감을 얻는 주요 원천

- a useful source of information
  유용한 정보 출처

- identify the source
  출처를 밝히다

- seek new sources of income
  새로운 수입원을 찾다

059 ⭐

speech
스피취
[spiːʧ]

명 연설

기출

- deliver[give] a speech
  연설하다

- the keynote speech
  기조 연설

- the closing speech
  폐회사

060 ⭐

contrary
칸추뤠뤼
[kántreri]

형 상반되는
명 반대되는 것

기출

- contrary to what we expected
  우리가 기대했던 것과 상반되는

- on the contrary
  반대로

🍯 꿀팁 주로 Part 6에서 On the contrary 라는 오답 접속부사로 출제됨

Daily Practice

☐ 단어와 그에 알맞은 뜻을 연결해 보세요.

1. continually •
2. inventory •
3. distribute •
4. properly •
5. retain •

• ⓐ 배포하다, 유통하다, 분배하다
• ⓑ 제대로, 적절하게
• ⓒ 재고, 목록
• ⓓ 계속, 꾸준히
• ⓔ 유지하다, 보관하다

☐ 다음 빈칸에 알맞은 단어를 선택하세요.

| ⓐ original | ⓑ current | ⓒ familiar |
| ⓓ appropriate | | ⓔ comfortable |

6. recommend an _____ place 적절한 장소를 추천하다

7. create a _____ work environment 편안한 근무 환경을 만들다

8. present the _____ receipt 원본 영수증을 제시하다

9. be _____ with the accounting theory 회계 이론을 잘 알고 있다

10. all expenses for the _____ year 올해 지출한 모든 비용

정답 1. d 2. c 3. a 4. b 5. e 6. d 7. e 8. a 9. c 10. b

☐ 단어와 그에 알맞은 뜻을 연결해 보세요.

1. propose •　　　　　　• ⓐ 참석하다

2. clearly •　　　　　　• ⓑ 주로

3. various •　　　　　　• ⓒ 여러 가지의, 다양한

4. primarily •　　　　　　• ⓓ 분명히, 또렷하게

5. attend •　　　　　　• ⓔ 제안하다

☐ 다음 빈칸에 알맞은 단어를 선택하세요.

| ⓐ immediately　　ⓑ upcoming　　ⓒ briefly |
| ⓓ advantage　　ⓔ promptly |

6. visit the head office only _____ 아주 잠깐 동안 본사를 방문하다

7. _____ after signing the contract 계약서에 서명한 직후에

8. begin _____ at 3 P.M. 오후 3시 정각에 시작하다

9. have significant competitive _____ 상당한 경쟁 우위를 가지다

10. inquire about the _____ renovation
곧 있을 개조 공사에 대해 문의하다

정답 1. e　2. d　3. c　4. b　5. a　6. c　7. a　8. e　9. d　10. b

워크샵 / 출장 / 예약

arrange

Nearly

QR코드
단어, 뜻, 기출 예문 음원을
다운로드하실수 있습니다.

join

limited

participant

Nearly Closely

Nearly(거의) 일치하는 정도가 높음
Closely(가까이, 밀접하게) 간격이나 관계가 가까움

schedule

(미) 스**께**줄 (영)(호) **쉐**줄

[skédʒuːl] [ʃédʒuːl]

명 일정

동 일정을 잡다

기출

- **arrive** on schedule
  일정대로 도착하다

- **schedule** the next training workshop
  다음 교육 워크숍 일정을 잡다

- **be scheduled for** Friday
  금요일로 일정이 잡혀있다

🍯 **꿀팁** be scheduled to do의 형태로 자주 출제

nearly

니얼리

[níərli]

부 거의

기출

- **nearly** impossible
  거의 불가능한

- **nearly all** employees
  거의 모든 직원들

- **accommodate** nearly 500 **guests a day**
  하루에 약 500명의 손님을 받다

- **nearly** fulfill **one's promise to do**
  ~하겠다는 약속을 거의 이행하다

063 ★★★

location
로우**케**이션
[loukéiʃən]

명 장소, 위치, 지점

기출

- retail locations
  소매점

- open a new location in New York
  뉴욕에 새로운 지점을 열다

- often travel to overseas locations
  종종 해외 지점으로 출장을 간다

- add new locations
  신규 매장을 추가하다

파생어

locate **동** 위치시키다
located **형** 위치한

064 ★★★

limited
리미팃
[límitid]

형 제한된, 한정된

기출

- remain open for a limited time only
  제한된 시간 동안만 문을 열다

- be limited to 20 people
  20명으로 제한되다

- as seating is limited
  좌석 수가 한정되어 있으므로

- limit presentations to ten minutes
  발표 시간을 10분으로 제한하다

파생어

limit 제한하다, 한정하다
명 제한, 한도

except

익**쎕**(트)
[iksépt]

unexpected

언익스**펙**팃
[ənikspéktid]

전 ~를 제외하고

형 예상치 못한, 뜻밖의

기출

- No one except the team leaders is allowed.
  팀장 외에는 누구도 허용되지 않는다.

- all forms of payment except credit cards
  신용카드를 제외한 모든 지불 형식

- all expenses except accommodations
  숙박을 제외한 모든 비용

- with one exception
  단 하나 예외를 두고

파생어

exception **명** 예외
exceptional **형** 훌륭한, 예외적인
exceptionally **부** 유난히, 예외적으로

기출

- lead to unexpected results
  예상치 못한 결과를 초래하다

- due to one's unexpected business trip
  ~의 예상치 못한 출장으로 인해

- ask the reason for the unexpected visit
  예상치 못한 방문의 이유를 묻다

- replace the manager who resigned unexpectedly
  갑자기 사임한 부장을 대신하다

파생어

unexpectedly **부** 예상치 못하게, 갑자기

067 ★★★

confirmation
칸뿨ㄹ**메**이션
[kanfərméiʃən]

명 확인(증), 승인

- serve as confirmation of
  ~을 확인해주는 기능을 하다

- send confirmation of your
  hotel booking
  귀하의 호텔 예약 확인증을 보내다

파생어

confirm **동** ~을 확인해주다

068 ★★★

specify
스**페**서빠이
[spésəfai]

동 구체화하다, 상술하다

기출

- specify the number of
  attendees
  참석자 수를 구체적으로 밝히다

- The product warranty
  specifies that any defective
  item must be returned to the
  manufacturer to be tested.
  제품보증서는 어떤 불량품도
  제조사에게 반품되어 검사를 받아야
  된다고 밝히고 있다.

- pay the full balance or a
  specific amount on an
  installment basis
  일시불 또는 할부 방식으로 지불하다

파생어

specific **형** 구체적인, 특정한
　　　　명 세부사항
specifically **부** 구체적으로
specification **명** 세부사항, 명세, 규격

encouraging

인**커**뤼징

[inkə́:ridʒiŋ]

close

<small>형</small> **클로**우스 <small>동</small> **클로**우즈

[klous]   [klouz]

<small>형</small> 고무적인, 희망을 주는

기출

- be not as encouraging as the architects hoped
  설계자들이 바랐던 것만큼 고무적이지는 않다

- indicate an encouraging trend
  희망적인 추세를 보여주다

- Interest in the upcoming marketing seminar is very encouraging.
  다가올 마케팅 세미나에 대한 관심이 아주 대단하다.

파생어

encourage <small>동</small> 격려하다, 희망을 주다

<small>형</small> (거리가) 가까운, (관계가) 친밀한

<small>동</small> 닫다, 폐쇄하다

기출

- have a close relationship for many years
  수년 동안 가까운 사이다

- request a transfer to the branch close to one's hometown
  자신의 고향과 가까운 곳의 지사로 발령을 요청하다

- be closed for a month
  한 달 동안 문을 닫다

파생어

closely <small>부</small> 면밀하게, 밀접하게

071 ★★

necessary
네써쎄뤼
[nésəseri]

형 필요한

기출

- take the necessary steps
  필요한 조치를 취하다

- It is necessary to make a
  reservation in advance.
  미리 예약할 필요가 있다.

- consider it necessary to
  cancel the event
  행사를 취소하는 것이 필요하다고
  여기다

- not necessarily
  반드시 ~인 것은 아니다 (부분 부정)

파생어

necessarily 부 반드시
necessitate 동 ~을 필요하게 만들다

072 ★★

reservation
뤠저ㄹ**붸**이션
[rezərvéiʃən]

명 예약, 유보, 망설임

기출

- make a reservation for
  ~을 예약하다

- confirm a reservation
  예약을 확인하다

- have reservation about
  ~에 대해 주저하다

join
쥐인
[dʒɔin]

동 참여하다, 가입하다, 합류하다

- join a company
  입사하다

- join together to achieve a goal
  목표를 달성하기 위해 협동하다

- a joint[combined] effort
  공동의 노력

파생어

joint 형 공동의
jointly 부 공동으로

accommodate
어카머데잇
[əkámədeit]

동 수용하다, 숙박을 제공하다

기출

- accommodate a large audience
  많은 청중을 수용하다

- accommodate the increasing demand
  늘어나는 수요를 감당하다

- accommodate parties of more than ten people
  10명 이상의 단체를 수용하다

파생어

accommodation 명 숙박

075 ★★

reserve
뤼**저**ㄹ브
[rizə́ːrv]

076 ★★

ahead
어**헷**
[əhéd]

🔵 예약하다,
　(권한을) 보유하다,
　(별도로) 지정하다
🟠 비축(물)

기출

- reserve the right to refuse
　services
　서비스를 거부할 권리를 갖고 있다

- reserve a space for
　~할 공간을 예약하다

- make a reservation for a
　hotel room
　호텔 객실을 예약하다

- reserved parking spaces
　(특수 용도로) 지정된 주차 공간

파생어

reservation 🟠 예약
reserved 🟩 보류된, 예약된, 내성적인

🔵 앞에, 미리

기출

- plan ahead
　미리 계획하다

- call ahead for
　~하려고 미리 전화하다

- ahead of schedule
　일정보다 빨리

arrange

077 ★★

arrange

어**뤠**인쥐

[əréindʒ]

🔵 준비하다, 계획하다

기출

- arrange a meeting
  회의를 준비하다

- arrange to meet Mr. Cole
  콜 씨를 만날 준비를 하다

- make an arrangement for +
  사람 + to do
  (사람이) ~하도록 준비해 두다

파생어

arrangement 🔵 준비, 정렬

---

078 ★★

brief

브**뤼**입

[briːf]

🔵 간단한, 짧은, 잠깐의

기출

- Mr. Moore's brief absence
  잠깐 동안 무어 씨의 부재

- a brief power failure
  잠깐의 정전

- speak briefly about the
  upcoming inspection
  곧 있을 점검에 대해 간략히 말하다

파생어

briefly 🔵 간단히, 짧게

🐝 **꿀팁** 형용사 brief와 부사 briefly가
고루 출제되지만 부사가 좀 더 자주
출제됨

079 ★★

capacity
커**패**써티
[kəpǽsəti]

명 최대 수용 용량[인원], 최대 생산력

기출

- improve the seating capacity of
  ~의 좌석 수용력을 향상시키다

- operate at full capacity
  완전 가동되다

- increase manufacturing capacity
  제조 능력을 증가시키다

- be filled to capacity
  (최대 수용 인원까지) 꽉 차다

080 ★★

appointment
어**퍼**인먼(트)
[əpɔ́intmənt]

명 약속, 임명

기출

- make an appointment
  약속을 잡다

- reschedule one's appointment
  약속을 변경하다

- a newly-appointed manager
  신임 부장

파생어

appointed 형 임명된
appoint 동 임명하다

participant
파ㄹ**티**서펀(트)
[paːrtísəpənt]

tentative
텐터티브
[téntətiv]

명 참가자

형 임시의, 잠정적인

기출

• discuss a tentative agreement with the city council
시의회와 잠정 협정을 논의하다

• The upcoming workshop schedule is still considered tentative.
다가오는 워크숍 일정은 아직 잠정 상태입니다.

• has been tentatively scheduled for August 15
일정이 잠정적으로 8월 15일로 맞추어졌습니다

기출

• Workshop participants will learn how to apply
워크숍 참가자들은 ~을 응용하는 방법을 배울 것이다

• limit the number of participants to 200
참석자 수를 200명으로 제한하다

파생어

participate 동 참가하다

파생어

tentatively 부 임시로, 잠정적으로

083 ★

form
뿨ㄹ음
[fɔːrm]

⦿ 형식, 양식
⦿ 형성하다

기출

· **another** form of identification
또 다른 형태의 신분증

· **job** application forms
입사 지원 양식

· **fill in a** form
양식에 기입하다

· **formally announce one's resignation**
사임을 공식으로 발표하다

파생어

formal ⦿ 공식적인
formally ⦿ 공식적으로

084 ★

register
뤠쥐스터ㄹ
[rédʒistər]

⦿ 등록하다

기출

· **call in advance to** register **for the guided tour**
가이드가 딸린 견학을 신청하기 위해
미리 전화하다

· **Visit our Web site and** register **today.**
오늘 저희 웹 사이트에 방문하셔서
등록하십시오.

· **If no one** registers **for the workshop, it will be canceled.**
아무도 워크숍에 등록하지 않으면,
워크숍은 취소될 것입니다.

파생어

registration ⦿ 등록

085 ⭐

vehicle
뷔-클
[víːikl]

⑲ 차량, 탈것

기출

- be required to register one's vehicle
  차량을 등록해야 하다

- company-owned vehicles
  회사 소유의 차량들

- Your vehicle can be parked in our garage for free.
  귀하의 차량은 저희 차고에 무료로 주차될 수 있습니다.

086 ⭐

prior
프**롸**이어ㄹ
[práiər]

⑲ 이전의, 앞선

기출

- proof of prior account ownership
  이전 계정 보유에 대한 증명(서)

- prior to the first meeting
  첫 번째 회의 전에

- 24 hours prior to the scheduled event
  예정된 행사의 24시간 전에

파생어

prior to 젠 ~ 전에, ~에 앞서

087 ⭐

convention
컨**벤**션
[kənvénʃən]

088 ⭐

registration
뤠쥐스트**뤠**이션
[redʒistréiʃən]

명 총회

시원 총회

기출

- the workshops at the recent convention
  최근 총회에서 실시된 워크숍들

- attend a convention
  총회에 참석하다

- register for the annual convention
  연례 총회에 등록하다

파생어

conventional **형** 전통적인, 관습적인

명 등록

기출

- registration procedures
  등록 절차

- fill in the registration form
  등록 양식에 기입하다

- the large number of advance registrations
  엄청 많은 수의 사전 등록

- prepay the registration fee
  등록비를 선납하다

seating
씨-팅
[síːtiŋ]

relevant
뤨러뷘(트)
[rélǝvǝnt]

⑲ 좌석 (수), 좌석 배치

⑲ 관련된, 적절한

기출

- Seating is limited to 100 people.
  좌석이 100명으로 제한되어 있다.

- the seating chart
  좌석 배치도

- improve the seating capacity
  좌석 수용량을 늘리다

- guarantee seating only for those who register
  등록자에게만 좌석을 보장하다

기출

- must be accompanied by relevant receipts
  관련 영수증을 첨부해야 하다

- with at least three years of relevant work experience
  최소 3년의 관련 직종 경력을 가진

- contain information relevant to an upcoming workshop
  차기 워크숍 관련 정보를 담고 있다

파생어

relevance ⑲ 연관성
relevantly ⑼ 연관성을 가지고

| DAY 4 |
연구 / 제품 개발 / 생산

carefully

develop

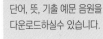

QR코드
단어, 뜻, 기출 예문 음원을
다운로드하실수 있습니다.

eager

focus

correct

Correct vs Accurate

Correct(정확한) 정해진 기준과 일치함

Accurate(옳은) 사실과 오차가 없음

091 ★★★

carefully
케어뻘리
[kέərfəli]

㉑ 주의 깊게, 신중하게

• handle the plates carefully
접시들을 조심스럽게 다루다

• examine the report as carefully as possible
보고서를 가능한 한 주의 깊게 검토하다

• read the safety procedures carefully
안전 절차를 주의 깊게 읽다

• must be handled with care
조심스럽게 다뤄져야 한다

care ㉱ 관심, 돌봄, 주의, 조심
㉦ 관심을 가지다, ~을 좋아하다

092 ★★★

change
췌인쥐
[ʧeindʒ]

㉱ 변화, 변경
㉦ 바꾸다, 변하다

• make some changes to the plan
계획을 일부 변경하다

• change the name of our business from KRG Consulting to CID Innovation
우리 회사명을 KRG Consulting에서 CID Innovation으로 변경하다

• Tonight's keynote speaker has been changed.
오늘 저녁의 기조연설자가 변경되었다.

🐚 꿀팁 change가 '잔돈'이라는 뜻의 명사로 사용되면 불가산명사로 취급함

093 ★★

comprehensive
캄프뤼**헨**시입
[kamprihénsiv]

094 ★★

efficient
이**쀠**션(트)
[ifíʃənt]

형 **포괄적인, 종합적인, 광범위한**

형 **효율적인**

기출

- conduct a comprehensive study of
  ~에 대한 광범위한 연구를 수행하다

- gather comprehensive data
  방대한 데이터를 수집하다

- comprehensively explain the new water quality standards
  새로운 수질 기준에 대해 꼼꼼하게 설명하다

파생어

comprehensively 부 포괄적으로, 광범위하게, 철저하게

기출

- the most energy efficient model
  에너지 효율성이 가장 좋은 모델

- highly efficient
  매우 효율적인

- enhance[improve] the efficiency of
  ~의 효율을 향상시키다

- the fuel efficiency
  연료 효율, 연비

파생어

efficiently 부 효율적으로
efficiency 명 효율(성)

095 ★★

designed
디**자**인(드)
[dizáind]

형 고안된, 의도된

기출

- be designed specifically for
+ 사람
특히 ~를 대상으로 고안되다

- devices designed to do
~하기 위한 용도의 기기들

- be designed to be more
energy-efficient
전력 효율을 더 높이도록 고안되다

파생어

design **동** 디자인하다, 고안하다
　　　 명 디자인, 설계

096 ★★

develop
디**뷀**럽
[divéləp]

동 성장하다, 발달하다,
　　개발하다, 발전시키다

기출

- develop marketing plans for
~에 대한 마케팅 계획을 개발하다

- develop a good relationship
with
~와 우호적 관계를 발전시키다

- develop a new residential
area
새로운 주택 지구를 개발하다

파생어

developer **명** 개발자, 개발업체
development **명** 발달, 개발, 전개

097 ★★

productivity
프뤄덕**티**붜티
[proudʌktívəti]

명 생산성

- increase employee productivity
직원들의 생산성을 높이다

- see a dramatic increase in employee productivity
직원들의 급격한 생산성 향상을 경험하다

파생어

produce **동** 생산하다
　　　　명 농산품
producer **명** 생산자
production **명** 생산(량)
product **명** 제품
productive **형** 생산적인
productively **부** 생산적으로

098 ★★

merchandise
머ㄹ췬다이즈
[mə́ːrtʃəndaiz]

명 상품

기출

- sell various merchandise on the Web site
웹 사이트에서 다양한 상품을 판매하다

- some merchandise on display
전시 중인 상품

- All merchandise should be thoroughly inspected before shipment.
모든 상품은 배송 전에 철저히 검사되어야 한다.

 꿀팁 merchandise는 불가산명사이며, 동의어로는 가산명사 goods, items가 있음

instruction

인스추**륔**션

[instrʌkʃən]

operate

아퍼뤠잇

[ápəreit]

명 설명(서), 안내, 지시, 지침

기출

- provide step-by-step installation instructions
  단계적인 설치 안내를 제공하다

- read all the instructions contained in the manual
  매뉴얼에 포함된 모든 설명을 읽다

- give specific instructions on
  ~에 대해 구체적인 지침을 주다

- be instructed to do
  ~하도록 지시 받다

파생어

instruct **동** 지시하다, 가르치다

동 운영하다, 영업하다, 작동하다, 운행하다

기출

- operate a new bus route
  새 버스 노선을 운행하다

- operate under the name of
  ~라는 이름으로 운영되다

- learn how to operate the machine
  기계의 작동법을 배우다

파생어

operation **명** 운영, 작동, 운행
operational **형** 가동되는, 운영상의

101 ★★

unique
유니익
[juːníːk]

102 ★★

manufacturer
매뉴**빽**춰러ㄹ
[mænjufǽktʃərər]

형 독특한, 특이한

기출

- develop a unique process
  독특한 공정을 개발하다

- launch a unique e-learning service
  독특한 이러닝 서비스를 출시하다

- a unique case
  독특한 사례

- the most visited location in town for unique footwear
  독특한 신발류로 시내에서 가장 손님이 많은 가게

명 제조업체

기출

- the world's largest manufacturers of power tools
  세계 최대의 전동기구 제조업체들

- a leading manufacturer of kitchen appliances
  주방기기 제조업체의 선두주자

- manufacture quality health products
  고급 건강 제품들을 제조하다

- simplify the manufacturing process
  제조 과정을 단순화하다

파생어

manufacture **동** 제조하다
manufacturing **명** 제조

103 ★★

operation
아퍼**뤠**이션
[apəréiʃən]

명 운영, 작동, 조작, 운행

기출

- expand its operations
  nationwide
  사업을 전국으로 확장하다

- cease[discontinue]
  operation
  운영을 멈추다

- after years in operation
  다년간 가동된 후에

- fully operational
  전면 가동되는

파생어

operational **형** 가동되는, 운영상의

104 ★★

focus
뿨커스
[fóukəs]

동 초점을 맞추다, 중점을 두다,
집중하다
명 초점, 중점

기출

- focus on developing new
  material
  새로운 재료를 개발하는 데 집중하다

- focus exclusively on the
  project
  오로지 프로젝트에만 집중하다

- be focused on increasing
  customer satisfaction
  고객 만족을 높이는 일에 집중되다

conduct

동 컨**덕**트 　 명 **칸**덕트

[kəndʌ́kt]　[kándʌkt]

동 수행하다, 실시하다
명 행동, 처신

기출

- conduct an inspection
  검사를 수행하다

- conduct a tour of the factory
  공장 견학을 실시하다

- conduct a consumer survey
  소비자 설문조사를 실시하다

- appropriate[proper] conduct
  적절한 처신

commitment

커**밋**먼(트)

[kəmítmənt]

명 헌신, 전념, 약속

기출

- show remarkable commitment to improving work environments
  근로환경을 개선하는 데 대단한 헌신을 보이다

- express one's full commitment to + 단체
  ~에 대한 전폭적 헌신을 다짐하다

- be committed to developing advanced electronic devices
  첨단 전자제품 개발에 전념하다

파생어

committed 형 헌신적인, 전념하는

DAY 4

107 ★

ongoing
안고우잉
[ángouiŋ]

형 진행 중인

70%

기출

- ongoing research project
  현재 진행 중인 연구 프로젝트

- ongoing problems with the building site
  건물 부지에 대해 계속되는 문제점들

- an ongoing effort to increase productivity
  생산성을 높이기 위해 현재 진행 중인 노력

108 ★

functional
뻥셔널
[fʌ́ŋkʃənl]

형 작동하는, 가동 중인

기출

- remain functional
  계속 가동 중이다

- will be fully functional by March 1
  3월 1일쯤 완전 가동될 것이다

- both functional and beautiful
  기능적[실용적]이면서도 아름다운

- function properly
  제대로 기능하다

파생어

function 통 기능하다 명 기능, 행사

109 ★

correct
커**뤡**(트)
[kərékt]

110 ★

assembly
어**쎔**블리
[əsémbli]

ⓢ 수정하다, 바로잡다
ⓟ 정확한, 맞는, 옳은, 적절한

기출

- correct an error
  오류를 바로잡다

- correct test results
  올바른 시험 결과

- label the package correctly
  상품에 상표를 제대로 붙이다

- make a correction
  수정하다, 정정하다

파생어

correctly ⓐ 올바르게, 정확하게
correction ⓝ 정정, 교정

ⓝ 조립

기출

- reorganize the assembly line
  조립 라인을 재정비하다

- assembly instructions
  조립 설명서

- assemble the new desk
  새로운 책상을 조립하다

- be fully assembled before it is shipped
  발송 전에 완전히 조립되다

파생어

assemble ⓢ 조립하다, 모이다, 모으다

111 ⭐

study
스터디
[stʌdi]

명 연구, 학업
동 연구하다, 배우다, 조사하다

기출

• A new study suggests
  [indicates] that절
  새로운 연구 결과는 ~라는 사실을
  보여준다

• conduct a study
  연구를 수행하다

• according to a recent study
  최근 연구 결과에 따르면

112 ⭐

assemble
어쎔블
[əsémbl]

동 조립하다, 모이다, 모으다

기출

• assemble a new line of
  digital cameras
  신형 디지털 카메라들을 조립하다

• be fully assembled
  완전히 조립되다

• the staff assembly
  직원회의

파생어

assembly **명** 조립

113 ⭐

analyze
애널라이즈
[ǽnəlaiz]

동 분석하다

• be further analyzed
더 깊이 분석되다

• analyze the survey responses
설문조사 응답을 분석하다

• a detailed analysis of current market trends
현재 시장 추이에 대한 상세한 분석

파생어

analysis **명** 분석
analyst **명** 분석가

114 ⭐

option
압션
[ápʃən]

명 선택, 선택권

기출

• You have three options.
세 가지 선택권이 있습니다.

• decide between two shipping options
두 가지 배송 옵션 중에 선택하다

• if this option interests you
만일 이 선택사항에 관심이 있다면

• Safety goggles are recommended but optional.
보안경 사용을 권고하지만, 선택사항이다.

파생어

optional **형** 선택적인

dedicated
데디케이팃
[dédikeitid]

inspection
인스펙션
[inspékʃən]

웹 헌신하는, 전념하는

명 검열, 검사

기출

• be dedicated to conserving
the environment
환경을 보존하는 데 전념하다

• the amount of time
dedicated to creating the
design
디자인을 만드는 데 들어간 시간

• a dedicated team of staff
헌신적인 팀

파생어

dedicate 동 헌신하다, 전념하다
dedication 명 헌신, 전념

기출

• conduct[carry out] an
inspection of the factory
공장에 대한 검사를 실시하다

• pass the annual safety
inspection
연례 안전 검사를 통과하다

파생어

inspect 동 검사하다, 점검하다

117 ★

committed
커**미**팃
[kəmítid]

형 헌신하는, 전념하는

기출

- be committed to serving the needs of
  ~의 필요를 충족하는 데 전념하다

- be committed to the security of
  ~의 안전에 최선을 다하다

- show commitment to the company
  회사에 대한 헌신을 보이다

파생어

commitment **명** 헌신, 전념

118 ★

eager
이-거ㄹ
[íːgər]

형 열렬한, 열심인, 간절히 바라는

기출

- be eager to expand its business in South America
  남미에서의 사업 확장을 몹시 바라다

- be eagerly awaiting earnings reports
  수익 보고서를 애타게 기다리고 있다

- the launch of an eagerly anticipated product line
  매우 기대를 모았던 제품군의 출시

파생어

eagerly **부** 열망하여, 열심히, 간절히

material

머**티**(어)뤼얼
[mətíəriəl]

명 재료, 원료, 물질, 자료

기출

- highest-quality materials
  최고 품질의 재료

- buy raw materials
  원자재를 구입하다

- be made using recycled
  materials
  재활용 자재를 활용하여 만들어지다

part

파ㄹ앗
[paːrt]

명 부분, 부품
동 분리하다, ~에서 떠나다

기출

- double-check the parts
  before shipping
  선적하기 전에 부품을 다시 점검하다

- as part of the new policy
  새 정책의 일부로

- increase in part by the
  recent advertising campaign
  부분적으로 최근의 광고 덕분에
  증가하다

- take part in the research
  project
  연구 프로젝트에 참여하다

파생어

parting **명** 작별 **형** 작별의
partial **형** 부분적인
partly **부** 부분적으로
party **명** 일행, 그룹

Daily Practice

☐ 단어와 그에 알맞은 뜻을 연결해 보세요.

1. relevant •

2. confirmation •

3. prior •

4. tentative •

5. specify •

• ⓐ 임시의, 잠정적인

• ⓑ 확인(증), 승인

• ⓒ 관련된, 적절한

• ⓓ 구체화하다, 상술하다

• ⓔ 이전의, 앞선

☐ 다음 빈칸에 알맞은 단어를 선택하세요.

> ⓐ except   ⓑ necessary   ⓒ appointment
> ⓓ schedule   ⓔ limited

6. all expenses _____ accommodations
   숙박을 제외한 모든 비용

7. take the _____ steps 필요한 조치를 취하다

8. make an _____ 약속을 잡다

9. remain open for a _____ time only
   제한된 시간 동안만 문을 열다

10. arrive on _____ 일정대로 도착하다

정답 1. c 2. b 3. e 4. a 5. d 6. a 7. b 8. c 9. e 10. d

◻ 단어와 그에 알맞은 뜻을 연결해 보세요.

1. commitment •　　　• ⓐ 조립

2. assembly •　　　• ⓑ 헌신, 전념, 약속

3. comprehensive •　　　• ⓒ 진행 중인

4. merchandise •　　　• ⓓ 포괄적인, 종합적인, 광범위한

5. ongoing •　　　• ⓔ 상품

◻ 다음 빈칸에 알맞은 단어를 선택하세요.

| ⓐ carefully | ⓑ manufacturer | ⓒ productivity |
| ⓓ operate | ⓔ inspection | |

6. increase employee _____ 직원들의 생산성을 높이다

7. pass the annual safety _____ 연례 안전 검사를 통과하다

8. a leading _____ of kitchen appliances
   주방기기 제조업체의 선두주자

9. handle the plates _____ 접시들을 조심스럽게 다루다

10. _____ a new bus route 새 버스 노선을 운행하다

정답 1. b　2. a　3. d　4. e　5. c　6. c　7. e　8. b　9. a　10. d

| DAY 5 |

공지 / 발표 / 유지보수

extend

inspect

QR코드
단어, 뜻, 기출 예문 음원을
다운로드하실수 있습니다.

prevent

repair

technical

Extend **vs** Expand

Extend(연장하다) 시간처럼 길이 속성이 늘어나는 개념
Expand(팽창하다, 확장하다) 넓이 또는 부피가 늘어나는 개념

121 ★★★★

announce
어**나**운스
[ənáuns]

동 발표하다, 알리다

기출

- announce the sales figures for December
  12월의 매출 수치를 발표하다

- announce the appointment of
  ~의 임명을 발표하다

- announce one's bid for
  ~하려는 시도[입찰]를 발표하다

- announce that절
  ~라고 발표하다

파생어

announcement 명 발표, 공지

122 ★★★★

result
뤼**절**(트)
[rizʌ́lt]

명 결과
동 초래하다(in),
기인하다(from)

기출

- the results of the recent survey
  최근 설문조사 결과

- as a result 결과적으로

- as a result of an excellent training program
  훌륭한 교육 프로그램의 결과로서

- result in a higher quality product
  더 높은 품질의 제품을 낳다

123 ★★★

notify
노-터빠이
[nóutəfai]

⑧ 알리다, 통지하다

기출

- notify Ms. Bromley of one's decision
  브롬리 씨에게 결정을 알리다

- will notify you as soon as your item is ready
  귀하의 물건이 준비되는 대로 알려줄 것이다

- I will notify the manager that I am planning to resign from the position.
  내가 직책에서 물러날 계획임을 부서장에게 알릴 것이다.

파생어

notification ⑲ 알림, 통지

124 ★★★

extend
익스텐(드)
[iksténd]

⑧ (기한을) 연장하다, 확장하다, 전하다, 주다

기출

- extend a special offer to you
  당신에게 특별한 제안을 하다

- extend one's operating [business] hours
  영업시간을 연장하다

- an extended deadline
  (기한이) 연장된 마감

- the extension of the pipeline
  파이프라인의 연장

파생어

extended ⑱ 연장된, 장시간의, 긴
extension ⑲ (기한) 연장, 확대, 내선

125 ★★

routine
루-**티**인
[ruːtíːn]

ⓗ 정기적인, 틀에 박힌,
일상적인

기출

- conduct routine
  maintenance checks
  정기적인 관리 점검을 실시하다

- perform routine tasks
  일상적인 업무를 수행하다

- routinely monitor the work
  of team members
  팀원들의 업무를 정기적으로 관찰하다

파생어

routinely ⓑ 일상적으로, 정기적으로

126 ★★

reliable
륄**라**이어블
[riláiəbl]

ⓗ 믿을 수 있는

기출

- provide reliable information
  신뢰할 만한 정보를 제공하다

- the most reliable technician
  in this area
  이 지역에서 가장 믿을 만한 기술자

- release a more reliable yet
  affordable model
  더 신뢰할 만하면서 저렴한 모델을
  출시하다

파생어

rely ⓔ 의존하다, 신뢰하다
reliably ⓑ 확실히
reliance ⓜ 신뢰, 의지
reliant ⓗ 의지하는

127 ★★

recent
뤼슨(트)
[rí:snt]

128 ★★

continue
컨티뉴
[kəntínjuː]

영 최근의

기출

- the recent merger of A and B
  최근에 있었던 A와 B의 합병

- the most recent addition to
  ~에 이뤄진 가장 최근의 추가

- recent market trends
  최근 시장 동향

파생어

recently 부 최근에

동 계속하다, 계속되다

기출

- if your computer continues to malfunction
  컴퓨터가 계속 제대로 작동하지 않으면

- will continue for two more weeks
  2주 더 계속될 예정이다

- continually improve the services
  서비스를 끊임없이 개선하다

파생어

continuous 형 계속되는, 지속적인
continuously 부 연달아, 끊임없이
continually 부 계속적으로, 반복해서

129 ★★

note
노웃
[nout]

동 주목하다, 유념하다, 말하다, 언급하다
명 필기, 메모

기출

- Please note that the shipping takes three business days.
  배송은 영업일 기준 3일이 걸린다는 것을 유념하시기 바랍니다.

- Please note that a department head's signature is required on the form.
  양식에 부서장의 서명이 필요하다는 것을 알아 두십시오.

- as noted in our service agreement
  우리의 서비스 계약에 언급된 것처럼

130 ★★

expensive
익스펜시입
[ikspénsiv]

형 비싼

기출

- a less expensive alternative to
  ~보다 저렴한 대안

- reduce the need for expensive repairs
  비싼 수리의 필요성을 줄이다

- much more expensive than the previous one
  이전 것보다 훨씬 더 비싼

파생어

expense 명 비용, 지출
expensively 부 비싸게

131 ★★

determine
디**터**ㄹ어민
[ditə́:rmin]

동 결정하다, 확정하다,
알아내다

기출

• determine what caused the
damage
무엇이 손상을 초래했는지 알아내다

• determine whether to
proceed with the plan
계획을 계속 진행할지를 결정하다

• determine that all problems
were solved
모든 문제가 해결되었음을 확정하다

• determine the date[location]
날짜[장소]를 결정하다

파생어

determination 명 결심, 결의

132 ★★

inspect
인스**펙**(트)
[inspékt]

동 검열하다, 검사하다

기출

• inspect the system regularly
정기적으로 시스템을 검사하다

• inspect billing statements
for any errors
청구서에 혹시라도 오류가 있는지
검사하다

• be inspected by the building
supervisor
건물 감독관에게 검사 받다

파생어

inspection 명 검열, 검사
inspector 명 조사관

133 ★★

remind
뤼**마**인(드)
[rimáind]

⑧ 상기시키다

기출

- I want to remind you that절
  ~라는 사실을 상기시켜드리고자
  합니다.

- remind tourists to meet in
  the lobby
  관광객들에게 로비에서 만날 것을
  상기시켜주다

- This is a reminder that절
  이 편지는 ~라는 내용을 상기시켜 주기
  위함입니다.

꿀팁 This is a reminder that절은
  독촉이나 예약을 상기시키는 내용이
  담긴 편지, 이메일, 문자메시지 등의
  시작 문구로 자주 사용됨

134 ★★

prevent
프뤼**붼**(트)
[privént]

⑧ 방지하다, 예방하다, 못하게
하다

기출

- check the equipment
  regularly to prevent
  unexpected failure
  예기치 않은 고장을 방지하기 위해
  장비를 정기적으로 점검하다

- prevent someone from
  attending the event
  ~가 행사에 참여할 수 없도록 하다

- take preventive measures
  against damage caused
  during deliveries
  배송 중 야기되는 파손에 대한 예방
  조치를 취하다

135 ★★

defect
디**펙**(트) / 디**풱**(트)
[díːfekt]   [difékt]

⑲ 결함, 하자, 흠

- discover serious product defects
  심각한 제품 결함을 발견하다

- find physical defects in the product
  제품에서 물리적 결함을 발견하다

- contact the customer service representative regarding this defect
  이 결함에 대해 고객서비스부서에 연락하다

defective ⑲ 결함이 있는

136 ★★

repair
뤼**페**어ㄹ
[ripέər]

⑧ 수리하다, 수선하다
⑲ 수리, 수선

- information on how to repair the washing machine
  세탁기를 수리하는 방법에 대한 정보

- contact your nearest repair center
  가장 가까운 수리 센터에 연락하다

- undergo repairs
  수리를 받다

137 ⭐⭐

temporary

템퍼뤠뤼

[témpəreri]

---

⑱ 임시의

USER LOGIN

ID
🔒 ∗∗∗∗∗

LOGIN

기출

- a temporary password
  임시 비밀번호

- a temporary employee
  임시 직원

- offer a temporary discount
  on office furniture
  사무 가구에 대해 일시적 할인을
  제공하다

138 ⭐⭐

inform

인**뿨**ㄹ엄

[infɔ́ːrm]

---

⑧ 알리다

기출

- inform 사람 that절
  ~에게 ~라고 알리다

- inform 사람 of A
  ~에게 A를 알리다

- for more information about
  ~에 대해 더 많은 정보가 필요하다면

- a long but very informative
  presentation
  길지만 매우 유익한 발표

파생어

information ⑲ 정보
informative ⑱ 유익한

139 ★

forward
뻐ㄹ워ㄹ(드)
[fɔ́ːrwərd]

140 ★

technical
테크니컬
[téknikəl]

(부) 계속, 앞으로
(동) (제3자에게) 전송하다

(형) 기술의, 기술적인

기출

- move forward with
  expansion plans
  확장 계획을 추진하다

- forward product inquiries to
  the sales department
  제품 문의를 영업부로 돌리다

- be forwarded to the
  personnel manager
  인사부장에게 전달되다

기출

- contact Mr. Keys for
  technical assistance
  기술 관련 도움을 받으려고 키즈 씨에게
  연락하다

- be delayed due to technical
  problems
  기술적 문제로 지연되다

- call an experienced
  technician
  숙련된 기술자에게 연락하다

파생어

technician **(명)** 기술자
technique **(명)** 기법, 기교

141 ⭐

resume

⟨동⟩ 뤼**주**음   ⟨명⟩ **뤠**주메이
[rizúːm]   [rézumei]

⟨동⟩ 재개하다, 재개되다
⟨명⟩ 이력서

기출

- will resume as soon as possible
  가능한 빨리 재개될 것이다

- will resume one's duties in a week
  일주일 뒤 직무를 재개할 것이다

- have an impressive résumé
  매우 인상적인 이력서를 가지다, 경력이 매우 인상적이다

- Please send your résumé with the job application.
  입사 지원서와 함께 이력서를 제출하세요.

142 ⭐

maintenance

메인터넌스
[méintənəns]

⟨명⟩ 유지보수

기출

- provide a professional automotive maintenance service
  전문적인 차량 유지보수 서비스를 제공하다

- undergo regular maintenance
  정기적인 유지보수를 받다

- renew a contract for maintenance of
  ~의 유지보수 계약을 갱신하다

파생어

maintain ⟨동⟩ 유지하다, 관리하다

143 ★

unfortunately
언**뿨**ㄹ춰넛(틀)리
[ənfɔ́rtʃənətli]

부 안타깝게도, 아쉽게도

기출

- Unfortunately, the shipment is missing an item.
  아쉽게도 배송에서 물품이 하나 빠져 있습니다.

- Unfortunately, we were able to hire only two staff members.
  안타깝게도 저희는 직원을 두 명만 채용할 수 있었습니다.

- Unfortunately, Ms. Takashi cannot attend the medical conference.
  아쉽게도 타카시 씨는 의학 학회에 참석할 수 없습니다.

꿀팁 주로 Part 6에서 요청이나 제안을 거절하면서 '미안함, 아쉬움'을 나타내는 접속부사로 출제

144 ★

minor
마이너ㄹ
[máinər]

형 작은, 사소한

기출

- correct minor errors
  사소한 오류들을 바로잡다

- address minor concerns
  사소한 문제들을 해결하다

- play a minor role in the project
  프로젝트에서 적은 비중을 수행하다

- cause only minor damage
  단지 경미한 손상만을 초래하다

파생어

minority **명** 소수(집단)

component

컴**퍼**넌(트)

[kəmpóunənt]

🅟 구성 요소, 부품, 부속

기출

- a main[major, central]
  component of
  ~의 주요 요소

- replace worn-out
  components
  마모된 부품을 교체하다

- damage to product
  components
  제품 부품의 손상

face

뿨이스

[feis]

🅥 마주보다, 직면하다
🅟 면전, 얼굴

기출

- face a risk
  위험에 직면하다

- be faced with a problem
  문제에 직면하다

- one of the toughest
  challenges faced by new
  employees
  신입사원들이 직면하는 가장 어려운
  난관들 중 하나

- in the face of obstacles
  장애에 직면하여

147 ★

enthusiastically
인쑤지**애**스티컬리
[inθuːziǽstikəli]

🔵 열정적으로, 열중하여

- be enthusiastically received
  열렬한 반응을 얻다

- enthusiastically announce
  the launch of
  아주 기쁜 마음으로 ~의 출시를 알리다

- welcome the guest speaker
  enthusiastically
  초대 연사를 열광적으로 환영하다

파생어

enthusiastic 🔵 열성적인, 열렬한

148 ★

notice
노-티스
[nóutis]

🔵 고지, 알림
🔵 인지하다, 알리다

기출

- give 30 days' notice
  30일 전에 고지하다

- until further notice
  추후 고지할 때까지

- advance[written] notice
  사전[서면] 통보

- indicate a noticeable rise in
  뚜렷한 ~의 증가를 보여주다

- increase noticeably
  눈에 띄게 증가하다

파생어

noticeable 🔵 뚜렷한
noticeably 🔵 뚜렷하게

gradually
그**래**쥬얼리
[grǽdʒuəli]

부 점점, 서서히, 점차

기출

- gradually increase[decrease]
  점차 상승하다[하락하다]

- gradually replace traditional methods
  전통적인 방법들을 점차 교체하다

- be gradually integrated into one large automobile company
  점차 하나의 거대한 자동차 기업으로 통합되다

파생어

gradual **형** 점진적인, 완만한

regretfully
뤼그**뤳**뿔리
[rigrétfəli]

부 유감스럽게도

기출

- regretfully do not have time to participate
  유감스럽게도 참석할 시간이 없다

- regretfully announce the cancellation of the concert
  공연의 취소를 발표하게 되어 유감이다

- regretfully decline one's invitation
  초대를 거절하게 되어 유감이다

🍯 **꿀팁** 문장 전체를 수식하는 문장부사

| DAY 6 |

경영 / 협상 / 계약 / 제휴

condition

contact

QR코드
단어, 뜻, 기출 예문 음원을
다운로드하실수 있습니다.

deal

lengthy

measure

Assure vs Ensure

Assure(확신시키다) 확신을 준다는 뜻이며, 그 내용이 목적어 뒤에 that절로 제시됨
Ensure(보장하다) 확신을 준다는 뜻이며, 그 내용이 동사 뒤에 바로 that절로 제시됨

151 ★★★

approval
어프**루**벌
[əprúːvəl]

명 승인

기출

- be subject to approval by the board of directors
  이사회의 승인을 받아야 한다

- include the approval of pay raises
  급여인상 승인을 포함하다

- receive approval to hire new employees
  새 인력을 채용하도록 승인을 받다

파생어

approve **동** 승인하다

152 ★★★

request
뤼**퀘**쓰(트)
[rikwést]

명 요청
동 요청하다

기출

- at one's request
  ~의 요청에 따라

- upon request
  요청하는 대로

- make a request
  요청하다

- to request items for the event
  행사에 쓸 물품을 요청하려면

153 ★★

detail

몡 **디**테일　몡동 디**테**일
[díːteil]　　[ditéil]

154 ★★

competitive

컴**페**터티입
[kəmpétətiv]

몡 세부사항
동 상세히 설명하다

기출

- for more details on the discount program
  할인 프로그램에 대해 세부 정보가 더 필요하다면

- details of the merger with Belle Cosmetics
  Belle 화장품 사와의 합병에 대한 세부 사항

- a report which details the company's performance
  회사의 실적을 자세히 설명하는 보고서

파생어

detailed 몡 상세히 설명된

🐝 **꿀팁** 주로 과거분사 detailed가 형용사로 출제되고, 명사는 복수형으로 출제

형 경쟁력 있는, 경쟁의, 경쟁적인

기출

- offer competitive rates for auto insurance
  자동차 보험에 대해 경쟁력 있는 보험료를 제공하다

- offer its employees competitive compensation
  직원들에게 경쟁력 있는 보수를 제공하다

- a highly competitive market
  경쟁이 치열한 시장

파생어

competitiveness 몡 경쟁력

proposal

프러**포**우절

[prəpóuzəl]

명 제안

- the proposal presented by the marketing manager
  마케팅부장이 제시한 제안

- how to write a business proposal
  사업 제안서를 쓰는 방법

- make a proposal
  제안하다

파생어

propose **동** 제안하다

---

acceptable

액**쎕**터블

[ækséptəbl]

형 받아들일 수 있는, 만족스런, 괜찮은

기출

- customers with acceptable forms of identification
  통용되는 형태의 신분증을 지닌 고객들

- an acceptable offer
  만족스러운 제안

- Please let me know whether the schedule change is acceptable.
  일정 변경을 수용할 수 있는지 알려주시기 바랍니다.

157 ★★

lengthy
렝씨
[léŋkθi]

형 긴, 장황한

기출

- a lengthy process
  지루한 과정

- after lengthy
  discussions[negotiations]
  오랜 토론[협상] 끝에

- for a lengthy period
  오랜 기간 동안

158 ★★

initiative
이니셔티입
[iníʃiətiv]

명 주도, 솔선, (특정 목적을
이루려는) 계획, 방안

기출

- take the initiative
  주도권을 잡다, 솔선해서 하다

- show initiative in -ing
  ~하는 데 있어 솔선을 보이다

- be involved in the initiative
  to do
  ~하려는 계획에 동참하고 있다

- introduce similar initiatives
  유사한 방안들을 도입하다

파생어

initiate 동 개시하다, 주도하다, 솔선하다

measure
매쥐ㄹ
[méʒər]

명 조치
동 재다, 측정하다

기출

- take strict measures
  엄격한 조치를 취하다

- safety measures in the workplace
  직장 내 안전 조치들

- measure the dimensions of the office
  사무실의 치수를 재다

파생어

measurement 명 치수, 측정

negotiation
니고쉬에이션
[nigouʃiéiʃən]

명 협상, 협의

기출

- a lengthy negotiation
  긴 협상

- ongoing negotiations
  진행 중인 협상

- be engaged in negotiations over the contract
  계약에 대해 협상을 진행 중이다

- negotiate with the company
  회사 측과 협상하다

파생어

negotiate 동 협상하다

161 ★★

contact

칸택(트)

[kántækt]

동 연락하다, 접촉하다

명 접촉, 연락(처)

기출

- contact the manufacturer directly

  제조업체에 직접 연락하다

- contact Mr. Hamilton for more information about

  ~에 대해 더 자세한 정보를 원하면 해밀턴 씨에게 연락하다

- keep[stay] in contact with

  ~와 연락을 유지하다

- the emergency contact list

  비상연락망

162 ★★

award

어워ㄹ(드)

[əwɔ́ːrd]

동 주다, 시상하다

명 상, 포상

기출

- be awarded a contract by

  ~로부터 계약을 따내다

- Special bonuses are awarded to

  ~에게 특별 보너스가 주어지다

- receive an award for

  ~의 공로로 상을 받다

- win the Best Employee of the Year award

  올해 최고의 직원상을 수상하다

163 ★★

establish

이스**태**블리쉬
[istǽbliʃ]

동 설립하다, 수립하다,
확립하다

- establish a committee
  위원회를 설립하다

- establish a close relationship
  with
  ~와 긴밀한 관계를 확립하다

- an established company
  인정받는 회사

- since its establishment
  설립 이래로

- a dining establishment
  식당

established **형** 자리를 잡은
establishment **명** 설립, 시설

164 ★★

contract

칸추랙(트)
[kántrækt]

명 계약(서)
동 계약하다

- a copy of the sales contract
  판매 계약서 사본

- sign a contract
  계약을 맺다

- renew a contract
  계약을 갱신하다

- according to the terms of
  the contract
  계약 조건에 따르면

165 ★★

decision

디**씨**줜
[disíʒən]

명 결정, 결단력

- make a decision about
  ~에 대해 결정을 내리다

- reach a decision about
  ~에 대한 결정에 도달하다

- announce one's decision to
  do
  ~하겠다는 결정을 발표하다

파생어

decide **동** 결정하다
decided **명** 확실한, 결정적인
decidedly **부** 확실히, 단호히

166 ★★

secure

씨**큐**어ㄹ
[sikjúər]

형 안전한, 확실한
동 얻다, 확보하다, 고정하다,
안전하게 하다

기출

- keep our clients' personal
  items in a secure location
  고객의 개인 물품들을 안전한 장소에
  보관하다

- secure a contract
  계약을 따내다

- be kept secure at all times
  항상 안전하게 보관되다

- securely store one's
  belongings
  소지품을 안전하게 보관하다

파생어

securely **부** 안전하게

167 ★★

sign
싸인
[sain]

동 서명하다, 승인하다, 신호하다
명 조짐, 신호

기출

- customers who sign a 24-month lease
  24개월 임대 계약에 서명하는 고객들

- sign an agreement
  계약에 서명하다

- must be signed by the department manager
  부서장의 서명을 받아야 한다

- provide a signature where indicated
  표시된 곳에 서명을 하다

파생어

signature 명 서명

168 ★★

discuss
디스커스
[diskʌ́s]

동 토론하다, 의논하다

기출

- discuss the suggestions
  제안 사항에 대해 논의하다

- as discussed in our telephone conversation
  우리가 전화로 논의했듯이

- lead a discussion at the staff meeting
  직원 회의에서 토론을 이끌다

파생어

discussion 명 토론, 논의

169 ⭐

proceed
프뤄**씨**잇
[prəsíːd]

170 ⭐

advance
앳**봰**스
[ædvǽns]

동 진행되다

• proceed smoothly
순조롭게 진행되다

• proceed with negotiations carefully
신중히 협상을 진행하다

• all proceeds from the charity event
자선행사에서 얻은 모든 수익금

proceeds 명 수익금

명 전진, 발전, 향상, 선불
동 나아가다, 발전하다
형 미리의

• due to the widespread advances in information technology
IT 분야의 폭넓은 발전으로 인해

• in advance
미리

• require advance registration
사전 등록이 필요하다

advanced 형 첨단의, 상급의
advancement 명 승진, 향상

171 ⭐

agreement
억**뤼**-먼(트)
[əgríːmənt]

명 계약, 합의

기출

- negotiate a long-term
  agreement with
  ~와 장기 계약을 협상하다

- sign an agreement
  협정에 사인하다

- reach an agreement
  합의에 이르다

파생어

agree **동** 동의하다
agreeably **부** 흔쾌히, 기분 좋게

172 ⭐

condition
컨**디**션
[kəndíʃən]

명 상태, 조건, 환경

기출

- in its original condition
  원래 상태로

- arrive in damaged condition
  손상된 상태로 도착하다

- in poor[good] condition
  상태가 나쁜[좋은]

- severe weather conditions
  험한 기상여건

173 ★

term
터ㄹ엄
[təːrm]

174 ★

cover
커붜ㄹ
[kʌ́vər]

명 조건, 용어, 기간

기출

- terms of the contract [agreement]
  계약 조건

- technical terms
  전문 용어

- win a long-term contract with
  ~와의 장기 계약을 따내다

파생어

terminal 형 말기의, 불치의
terminology 명 용어

🍯 **꿀팁** 토익에서는 주로 계약 또는 거래 조건을 나타내는 복수형 terms로 출제

동 다루다, (비용) 충당하다, 취재하다, 덮다
명 덮개

기출

- cover all costs for labor and materials
  인건비와 자재 비용을 모두 포함하다

- cover the costs
  비용을 충당하다

- cover many topics
  많은 주제를 다루다

- exclusive coverage
  독점 취재

파생어

coverage 명 (방송)취재, 보도, (보상)범위

175 ⭐

authorize
어써롸이즈
[ɔ́:θəraiz]

⑧ 허가하다, 권한을 부여하다

기출

- authorize the payment for
  ~에 대한 지출을 승인하다

- authorized dealers
  공인된 중개인

- with prior written authorization
  사전 서면 인가를 통해

- have the most authority
  가장 큰 권한을 가지고 있다

파생어

authorized ⑱ 공인된, 권한을 부여 받은
authorization ⑲ 허가, 권한 부여
authority ⑲ 권위(자), 권한

176 ⭐

beyond
비**얀**(드)
[bijánd]

⑳ (경계)를 넘어서, (한도)를 초과하여

기출

- beyond our expectations[predictions]
  우리의 기대[예측]를 초과하여

- expand its business beyond Asia
  아시아를 넘어 사업을 확장하다

- use caution beyond the entrance to the laboratory
  실험실 입구를 지나서부터 주의를 기울이다

177 ★

deal
디일
[diːl]

⍟ 거래, 협상
⍟ 거래하다, 처리하다

기출

- negotiate a deal
  거래를 성사하다

- a great deal of information
  많은 정보

- deal with an urgent matter
  긴급한 문제를 다루다

178 ★

assure
어슈어ㄹ
[əʃúər]

⍟ 확신시키다, 확신하다

기출

- assure one's staff that절
  직원들에게 ~라고 확신시키다

- you can be assured that절
  ~라고 확신해도 좋다

- give the clients one's
  assurance that절
  고객들에게 ~라는 확신을 주다

파생어

assuredly ⍟ 틀림없이, 기필코
assurance ⍟ 확신, 자신

179 ★

apparent
어**패**뤈(트)
[əpǽrənt]

ⓗ 명백한, 뚜렷한

기출

- it is apparent that절
  ~라는 사실이 명백하다

- There is no apparent difference between the two candidates.
  두 후보자 사이에는 뚜렷한 차이가 없다.

- Mr. Gibson is apparently interested in our proposal.
  깁슨 씨는 명백히 우리 제안에 관심이 있다.

파생어

apparently ⓟ 명백히

180 ★

win
윈
[win]

ⓥ ~을 얻다, 이기다, 안겨주다

기출

- win an award
  상을 받다

- win the company a contract
  회사가 계약을 따게 해주다

- win a seat on the board
  위원회에서 의석을 차지하다

- the winning entry
  우승작

파생어

winning ⓗ 우승한, 상을 받은, 당첨된
winner ⓝ 승자, 우승자, 수상자

🐝 꿀팁 수여동사 win A B(A에게 B를 안겨주다) 형태로 자주 사용

☐ 단어와 그에 알맞은 뜻을 연결해 보세요.

1. determine •
2. maintenance •
3. temporary •
4. reliable •
5. notify •

• ⓐ 임시의
• ⓑ 결정하다, 확정하다, 알아내다
• ⓒ 알리다, 통지하다
• ⓓ 믿을 수 있는
• ⓔ 유지보수

☐ 다음 빈칸에 알맞은 단어를 선택하세요.

| ⓐ recent | ⓑ minor | ⓒ routine |
| ⓓ notice | ⓔ extend | |

6. conduct _____ maintenance checks
   정기적인 관리 점검을 실시하다

7. until further _____ 추후 고지할 때까지

8. correct _____ errors 사소한 오류들을 바로잡다

9. the _____ merger of A and B 최근에 있었던 A와 B의 합병

10. _____ one's operating hours 영업시간을 연장하다

정답 1. b 2. e 3. a 4. d 5. c 6. c 7. d 8. b 9. a 10. e

☐ 단어와 그에 알맞은 뜻을 연결해 보세요.

1. lengthy •   • ⓐ 명백한, 뚜렷한

2. proceed •   • ⓑ 경쟁력 있는, 경쟁적인

3. competitive •   • ⓒ 진행되다

4. apparent •   • ⓓ 제안

5. proposal •   • ⓔ 긴, 장황한

☐ 다음 빈칸에 알맞은 단어를 선택하세요.

| ⓐ request | ⓑ decision | ⓒ acceptable |
| ⓓ secure | ⓔ advance | |

6. make a _____ 요청하다

7. require _____ registration 사전 등록이 필요하다

8. make a _____ about ~에 대해 결정을 내리다

9. an _____ offer 만족스러운 제안

10. be kept _____ at all times 항상 안전하게 보관되다

정답 1. e 2. c 3. b 4. a 5. d 6. a 7. e 8. b 9. c 10. d

구매 / 거래 / 판매

alternative

bring

purchase

release

vendor

Alternative vs Alternation

Alternative(대안, 대체물) 한 가지를 버리고 대신 사용되는 것
Alternation(교대) 두 가지가 번갈아 나타나는 모양새

181 ★★★★★

purchase
퍼ㄹ춰스
[pə́ːrtʃəs]

명 구매품, 구매
동 구매하다

기출

- Thank you for your recent purchase of ~.
  최근의 ~ 구입에 감사드립니다.

- offer free delivery for all purchases
  모든 구매품에 대해 무료 배송 서비스를 제공하다

- purchase drinks from the convenience store
  편의점에서 음료를 구입하다

182 ★★★★

offer
어쀠ㄹ
[ɔ́ːfər]

동 제공하다, 제안하다
명 제공, 제안

기출

- offer customers free shipping
  고객들에게 무료 배송 서비스를 제공하다

- be offered daily
  날마다 제공되다

- take advantage of this offer
  이 제의를 잘 활용하다

- be pleased with the trip offerings
  여행 상품 내용에 흡족해하다

파생어

offerings 명 제공물(복수형)

183 ★★★

thoroughly
써로울리
[θɔ́:rouli]

🔵 완전히, 철저히

- read the manual thoroughly
  매뉴얼을 철저하게 읽다

- be cleaned thoroughly
  철저하게 청소되다

- inspect the kitchen area
  thoroughly
  부엌을 꼼꼼하게 검사하다

- be thoroughly impressed
  with
  ~에 완전히 감동받다

파생어

thorough 🔵 완전한, 철저한

184 ★★

discount
🔵 🔵 디스카운트 🔵 디스카운트
[dískaunt]   [diskáunt]

🔵 할인
🔵 할인하다

기출

- offer discounts to customers
  고객들에게 할인을 제공하다

- offer new customers a 20
  percent discount
  새 고객들에게 20% 할인을 제공하다

- discounted tickets
  할인된 표, 할인권

- take advantage of
  discounted prices
  할인된 가격을 누리다

185 ★★

release
륄**리**스
[ríliːs]

ⓢ 출시하다, 공개하다
ⓜ 출시, 공개, 발표

기출

- the release of a new book
  신간의 출시

- a press release
  보도자료

- release confidential
  information
  기밀 정보를 공개하다

- release one's latest product
  신제품을 출시하다

186 ★★

selection
씰**렉**션
[silékʃən]

ⓜ 선택, 선별, 구비, 구색

기출

- make a selection
  선정하다, 선택하다

- offer a wide selection of gift
  items
  다양한 선물 품목들을 판매하다

- be selective about
  ~에 대해 까다롭다

파생어

select ⓢ 선택하다, 선정하다
selective ⓔ 까다로운

187 ★★

process
프**롸**쎄스
[práses]

명 처리, 공정
동 처리하다, 가공하다

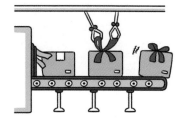

기출

- questions about the recycling process
  재활용 공정에 관한 질문

- process your online order
  귀하의 온라인 주문을 처리하다

- specialize in processing beef into steaks
  소고기를 스테이크로 가공하는 데 전문이다

188 ★★

market
마ㄹ킷
[má:rkit]

명 시장, 수요
동 판매활동을 하다

기출

- a strong market for ~
  ~에 대한 높은 수요

- stay on the market
  시장에서 살아남다

- market one's new line of clothing in Asia
  의류 신제품 라인을 아시아 시장에서 마케팅하다

- focus on online marketing
  온라인 마케팅에 집중하다

파생어

marketing **명** 마케팅

189 ★★

issue

이슈

[íʃuː]

명 (잡지) 호, 권, 쟁점, 사안,
문제, 발급

동 발행하다, 발부하다,
발표하다

기출

- obtain a free issue of the
  first edition
  1쇄 한 권을 무료로 받다

- address important issues
  중요한 문제들을 다루다

- issue employees
  identification badges
  직원들에게 신분증 배지를 발급하다

- issue a statement
  성명을 발표하다

190 ★★

automatically

어터**매**틱컬리

[ɔːtəmǽtikəli]

부 자동적으로

기출

- activate[shut off]
  automatically
  자동으로 작동하다[꺼지다]

- be automatically placed on
  the waiting list
  자동으로 대기자 명단에 오르다

- automatically qualify for a
  discount
  자동으로 할인 받을 자격이 되다

파생어

automatic **형** 자동의

191 ★★

remain
뤼**메**인
[riméin]

192 ★★

install
인스**털**
[instɔ́:l]

동 남다, (~인 상태를) 유지하다

3년 연속 우승!!

동 설치하다

기출

- remain open for a limited time only
  한정된 시간 동안만 영업을 하다

- remain the same
  같은 상태를 유지하다

- for the remainder of the week [month]
  남은 주[달] 동안

파생어

remainder **명** 나머지
remaining **형** 남아있는

기출

- install new accounting software
  새로운 회계 소프트웨어를 설치하다

- install an automated inventory system
  자동화된 재고 시스템을 설치하다

- the final installment in the popular mystery series
  인기 있는 미스터리 연속물의 최종회

- the installment payment plan
  분할 납부, 할부

파생어

installation **명** 설치
installment **명** (연속물의) 한 회,
분할(납부)

unable

언**에**이블

[ʌnéibl]

📐 ~할 수 없는

기출

• be unable to attend the meeting
모임에 참석할 수 없다

• be unable to deliver your order
귀하의 주문을 배송할 수 없다

• employees unable to meet their sales target
자신의 목표 매출을 달성할 수 없는 직원들

renew

뤼**뉴**-

[rinjú:]

📐 계약을 갱신하다, 기한을 연장하다

기출

• renew one's subscription
정기 구독을 갱신하다

• renew one's contract for an additional one-year period
계약을 1년 더 갱신하다

• an urban renewal
도시 재개발

• invest in renewable energy
재생 가능 에너지에 투자하다

파생어

renewal 📐 갱신
renewable 📐 갱신 가능한, 재생 가능한

195 ★★

replacement
뤼플**레**이스먼(트)
[ripléismənt]

196 ★★

affordable
어**뻐**ㄹ더블
[əfɔ́ːrdəbl]

ⓜ 교체(품), 후임

ⓗ 저렴한

기출

- request a refund or replacement
  환불이나 교환을 요청하다

- train one's replacement
  후임자를 교육시키다

- serve as a temporary replacement for
  ~의 임시 후임자 역할을 하다

- replace Mr. Reed as vice president
  리드 씨의 부회장 직을 대체하다

파생어

replace ⓥ 교체하다

기출

- at an affordable price
  저렴한 가격에

- be now affordable to everyone
  이제 모든 사람들이 구입할 만한 가격이다

- offer a wide variety of affordably priced sportswear
  가격이 저렴하게 매겨진 매우 다양한 운동복을 판매하다

파생어

affordably ⓤ 알맞게
affordability ⓜ 저렴함

DAY 7

197 ★

need
니잇
[niːd]

명 필요, 요구
동 ~을 필요로 하다

기출

- **There is** a need for
  ~에 대한 필요성이 존재하다

- **due to the increasing** need
  for
  ~에 대한 수요가 증가하기 때문에

- **meet** the needs of
  ~의 필요를 충족하다

198 ★

article
아ㄹ티클
[áːrtikl]

명 글, 기사

기출

- **write** an article **for the**
  company newsletter
  회사 사보에 기사를 쓰다

- **a short** article **related to**
  local tourism activities
  지역 관광 활동에 관련된 짧은 기사

- **Thank you for submitting**
  your article.
  기사를 제출해 주셔서 감사합니다.

199 ★

subscription
썹스크**립**션
[səbskrípʃən]

명 구독(료), 정기구독

기출

- subscription to a fashion magazine
패션 잡지 구독

- purchase a one-year subscription
1년 정기 구독권을 구매하다

- renew one's magazine subscription
잡지 정기 구독을 연장하다

파생어

subscribe **동** 구독하다
subscriber **명** 구독자

200 ★

residential
뤠저**덴**셜
[rezədénʃəl]

형 주거의, 가정의

기출

- provide both residential and commercial services
가정용 및 기업용 서비스를 모두 제공하다

- residential customers
가정용 서비스 고객들

파생어

residence **명** 집, 주택
resident **명** 주민
reside **동** 거주하다

subscriber

썹스크**롸**이버ㄹ

[səbskráibər]

ⓜ **구독자**

기출

- an online business magazine with over 200,000 subscribers
  정기구독자가 20만 명이 넘는 온라인 경제지

- subscribers to *Market Weekly* magazine
  마켓 위클리 지의 정기구독자들

- Subscribers will have unlimited access to ~
  정기구독자들은 ~을 무제한으로 이용할 수 있을 것이다

파생어

subscribe ⓥ 구독하다

bring

브**링**

[brin]

ⓥ **가져오다, 데려오다, 제기하다**

기출

- be required to bring a laptop with them every day
  노트북 컴퓨터를 매일 지니고 다녀야 하다

- bring portfolios to the interview
  면접에 포트폴리오를 가지고 오다

- bring up the need to raise more funds
  더 많은 기금을 모아야 할 필요성을 제기하다

203 ★

period
피어뤼엇
[píːəriəd]

명 기간

기출

- during the promotional period
  판촉활동 기간 동안

- during peak periods
  성수기 동안

- for a limited period of time
  한정된 기간 동안

파생어

periodic **형** 정기[주기]적인
periodically **부** 정기[주기]적으로

204 ★

sold out
솔-다웃
[sóuldáut]

형 매진된

기출

- All of the tickets were sold out.
  모든 표가 매진되었다.

- be completely sold out
  완전히 매진되다

- be already sold out
  이미 매진되다

파생어

sales **명** 매출, 영업
sell **동** 팔다, 팔리다

205 ⭐

valid
밸릿
[vǽlid]

⑱ 유효한, 입증된

기출

- for the contract to be valid
  계약서가 효력을 지니려면

- a valid form of identification
  유효한 신분증

- be valid for three months from the date of purchase
  구매 후 3개월간 유효하다

- This special offer is valid until May 15.
  이 특판 행사는 5월 15일까지 유효합니다.

파생어

validate ⑤ 유효하게 하다, 입증하다
validation ⑲ 입증, 확인
validity ⑲ 유효성, 효력

206 ⭐

exchange
익스췌인쥐
[ikstʃéindʒ]

⑤ (같은 종류로) 교환하다
⑲ 교환

기출

- exchange the printer for a more portable one
  프린터를 좀 더 휴대성이 좋은 것으로 교환하다

- need the original receipt in order to receive a refund or exchange
  환불이나 교환하려면 영수증 원본이 필요하다

- in exchange for
  ~의 대가로

- the exchange rate
  환율

207 ★

launch
러언취
[lɔ:ntʃ]

ⓑ 출시하다, 착수하다
ⓝ 출시, 개시

기출

- launch a new round of advertising
새로운 광고를 시작하다

- launch a new product
신제품을 출시하다

- announce the launch of our innovative accounting software
우리의 혁신적 회계 소프트웨어 출시를 발표하다

208 ★

vendor
뷀더ㄹ
[véndər]

ⓝ 판매업체, 상인, 판매자

기출

- order the item from a different vendor
다른 판매상으로부터 물건을 주문하다

- food vendors along the street
거리를 따라 늘어선 음식 노점상들

- purchase office supplies from the preferred vendor
선호하는 판매자로부터 사무용품을 구입하다

209 ★

moment
모우먼(트)
[móumənt]

명 순간, (특정) 시기

- take a moment to **fill out[complete] the customer survey**
  잠깐 시간을 내서 고객 설문조사를 작성하다

- **be closed down** at the moment
  당분간 문을 닫다

- **be halted** momentarily during the routine maintenance
  정기 점검을 받는 동안 잠시 중지되다

momentarily **부** 잠깐

210 ★

alternative
얼**터**ㄹ너티입
[ɔːltə́ːrnətiv]

명 대안
형 대체하는

- **be scheduled for an** alternative **date**
  대체일로 일정을 잡다

- **be used** as an alternative to
  ~ 대신 사용되다

- an alternative **approach**
  대안적 접근법

alternatively **부** 그 대신

| DAY 8 |

마케팅 / 영업 / 홍보

appealing

currently

QR코드
단어, 뜻, 기출 예문 음원을
다운로드하실수 있습니다.

leading

provide

rising

Value vs Cost

Value(가치) 만족을 느끼며 지출할 수 있는 수준의 비용
Cost(비용) 구입할 때 실제 지불되는 비용

211 ★★★★★

provide
프뤄**봐**이(드)
[prəváid]

212 ★★★★

expect
익스**펙**(트)
[ikspékt]

동 제공하다

기출

- provide free installation for
  ~에 대한 무료 설치 서비스를 제공하다

- provide the details of your job responsibilities
  직무에 대한 상세 설명을 제공하다

- provide excellent services to customers
  고객들에게 훌륭한 서비스를 제공하다

- be provided with a free gift
  공짜 선물이 제공되다

동 기대하다

기출

- expect some problems with
  ~에서 문제가 발생할 것을 예상하다

- be expected to attend all staff meetings
  모든 직원회의에 참석할 것이 요구된다

- surpass[exceed] one's expectations
  ~의 예상을 뛰어넘다

- meet one's expectations
  ~의 기대에 부응하다

파생어

expected **형** 예상되는
expectation **명** 기대

213 ★★★

completely
컴플**릿**-리
[kəmplíːtli]

🖼 완전히

기출

- completely free of charge
  완전 무료로

- be filled in[out] completely
  빠짐없이 작성되다

- completely unexpected
  [sold out]
  완전히 예상 밖의[다 팔린]

- upon completion of
  ~을 완료하자마자

파생어

complete 🔵 완성하다, 완료하다
　　　　🔴 완전한, 끝난
completion 🔴 완료, 완수

214 ★★★

promote
프뤄**모**웃
[prəmóut]

🔵 홍보하다, 장려하다,
　고취하다, 승진시키다

기출

- promote their ideas to
  potential customers
  잠재 고객들에게 아이디어를 홍보하다

- Janice was promoted to
  store manager.
  제니스는 매장 관리자로 승진했다.

- during the promotional
  period
  홍보 기간 동안

파생어

promotional 🔴 홍보용의

215 ★★★

shortly
쇼옷(틀)리
[ʃɔ́ːrtli]

🔹 곧, 금방

기출

- shortly after graduation
  졸업 직후에

- be expected to reopen
  shortly
  곧 다시 문을 열 것으로 예상되다

- shorten the production time
  생산 시간을 단축하다

- a serious shortage of
  teachers
  심각한 교사 부족

파생어

shorten 🔹 단축하다
shortage 🔹 부족

216 ★★★

open
오픈
[óupən]

🔹 열다, 열리다
🔹 공개된, 영업중

기출

- open its third branch office
  세 번째 지사를 열다

- be open to the public
  대중에게 공개되다

- job openings
  구인, 모집, 채용

파생어

opening 🔹 개점, 일자리, 공석

217 ★★★

currently
커-뤈(틀)-리
[kə́ːrəntli]

218 ★★★

previous
프뤼-뷔어스
[príːviəs]

뿐 현재, 지금

기출

- be currently offering discounts
  현재 할인행사를 진행 중이다

- be currently understaffed
  현재 인력이 부족하다

- be currently inaccessible
  현재 접속할 수 없다

파생어

current **형** 현재의
　　　　명 경향, 흐름

형 이전의

기출

- offer previous guests discounts
  이전에 오셨던 손님들에게 할인을 제공하다

- ignore the previous message
  이전 메시지를 무시하다

- be recommended by one's previous employer
  이전 고용주로부터 추천 받다

- requires 20 percent less power than the previous refrigerator did
  예전 냉장고보다 20% 적은 전력을 필요로 하다

comparable

캄퍼러블
[kámpərəbl]

⑱ 비교할 만한,
필적할 만한(to)

기출

- other coffeemakers of comparable quality
  비슷한 품질의 다른 커피메이커 제품들

- be comparable in quality[price] to
  품질[가격]면에서 ~와 비교할 만하다

- compared to[with] the costs of the previous year
  전년도의 비용과 비교하면

파생어

compare ⑧ 비교하다
comparison ⑲ 비교
compared to[with] ㉠ ~에 비해

impressive

임프뤠씨입
[imprésiv]

⑱ 인상적인, 놀라운

기출

- obtain impressive results
  인상적인 결과를 얻다

- write a very impressive résumé
  매우 인상적인 이력서를 작성하다

- increase by an impressive 60 percent
  60%라는 놀라운 증가를 보이다

파생어

impress ⑧ 감명을 주다, 인상을 주다
impression ⑲ 감명, 인상

221 ★★

use
동 유-즈 명 유-스
[juːz]   [juːs]

동 사용하다
명 사용, 용도

기출

- survey techniques used in the marketing industry
  마케팅 업계에서 사용되는 설문 기법

- use caution
  조심하다

- be safe for commercial use
  상업적 이용에 안전하다

- find A useful
  A가 유용함을 알게 되다

파생어

usage 명 (어휘의) 용법
used 형 중고의
useful 형 유용한

222 ★★

meet
미잇
[miːt]

동 만나다, 충족하다

기출

- meet frequently
  자주 만나다

- meet the deadline
  마감시한을 맞추다

- meet the requirements for the position of
  ~직책의 필수요건을 충족하다

- meet the standards of
  ~의 기준을 충족하다

leading
리-딩
[líːdiŋ]

relatively
뤨러팁(을)리
[rélətivli]

형 주도하는, 선도적인

기출

- become a leading manufacturer
  선도적인 제조사가 되다

- a leading role
  주도적인 역할, (영화) 주연

- lead the employee orientation
  직원 예비교육을 맡다

- maintain our lead over our competitors
  경쟁자들에 대한 우위를 유지하다

파생어

lead 동 초래하다(to), 주도하다
     명 선두, 우위

부 상대적으로, 비교적

기출

- at relatively affordable prices
  상대적으로 저렴한 가격에

- relatively low costs
  상대적으로 낮은 비용

- a relatively new advertising firm
  상대적으로 신생의 광고회사

파생어

relative 형 상대적인
relation 명 관계

225 ★★

particularly
퍼ㄹ**티**큘러ㄹ리
[pərtíkjulərli]

부 특히, 특별히

기출

- a particularly busy period
  특히 바쁜 기간

- particularly popular in Asia
  아시아에서 특히 인기 있는

- particularly skilled in interior design
  특히 인테리어 디자인에 뛰어난

- in particular
  특히

파생어

particular **형** 특별한, 특정한
　　　　　명 상세 사항, 명세

226 ★★

purpose
퍼ㄹ퍼스
[pə́ːrpəs]

명 목적

기출

- for business purposes
  사업상의 목적으로

- be used for commercial purposes
  상업용으로 사용되다

- The purpose of these workshops is to do
  이 워크숍들의 목적은 ~하는 것입니다

파생어

purposely **부** 고의로

rising
롸이징
[ráiziŋ]

🔵 상승하는, 증가하는

기출

- rising demand for sportswear
  늘어나는 스포츠 의류의 수요

- due to rising production costs
  증가하는 생산 비용 때문에

- show a rise in sales figures
  매출액 증가를 보여주다

파생어

rise 🔵 상승하다
　　 🔵 상승, 증가

---

plus
플러스
[plʌs]

🔵 ~은 별도로, ~을 더하여
🔵 게다가

기출

- pay the balance plus a late fee
  잔금에 연체료까지 지불하다

- You will receive 10% off of the purchase. Plus, you will receive a free gift.
  구매품에 대해 10퍼센트 할인을 받을 것이다. 또한 무료 증정 선물도 받을 것이다.

229 ★★

remarkable
뤼**마**ㄹ커블
[rimáːrkəbl]

형 눈에 띄는, 주목할 만한

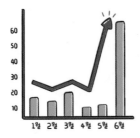

기출

- experience a remarkable increase in sales
  매출에 있어 눈에 띄는 상승세를 경험하다

- after a remarkable 20-year career
  20년이라는 놀라운 경력을 쌓은 후에

- remain remarkably competitive for the first two quarters
  첫 2분기에 놀라울 만큼 경쟁력을 유지하다

파생어

remarkably 부 현저하게

230 ★★

unlike
언**라**익
[ənláik]

전 ~와 달리

기출

- unlike the previous edition
  예전 판[쇄]과 달리

- Unlike most other equipment, this is easy to operate.
  대부분의 다른 장비와 달리, 이것은 작동이 쉽다.

- Unlike many other colleagues, I voted against the new policy.
  많은 동료들과 달리, 나는 새 방침에 대해 반대 투표를 했다.

231 ★★

reasonable
뤼-저너블
[ríːzənəbl]

ⓗ 합리적인, 합당한, (가격이) 적당한

기출

- provide services at reasonable prices
  적절한 가격으로 서비스를 제공하다

- a reasonable amount of time
  적당한 분량의 시간

- Please visit our Web site for our reasonable rates.
  우리의 합리적인 요금을 알아보시려면 웹사이트에 방문해 주세요.

232 ★

basis
베이시스
[béisis]

ⓜ 기초, 근거, 단위, 기준

기출

- on a first-come, first-served basis
  선착순으로

- on the basis of previous purchases
  이전의 구매를 근거로 하여

- on a daily[weekly, monthly] basis
  일별[주별, 월별]로

파생어

base ⓥ 근거를 두다
based ⓗ 근거를 둔
basic ⓗ 기본의, 기초의

233 ★

value
뱰류
[vǽljuː]

명 (비용 대비) 가치, 유용성
동 소중하게 여기다

기출

- a good[poor] value
  가격대비 좋은[형편없는] 것

- be described as a great value for
  ~에게 대단한 가치가 있다고 설명되다

- be valued at $200,000
  20만 달러의 가치가 매겨지다

- a valued customer
  소중한 고객

파생어

valued 명 소중한

234 ★

rely
륄**라**이
[rilái]

동 의존하다(on, upon)

기출

- rely heavily on[upon] online product reviews
  온라인상의 제품 후기에 크게 의존하다

- rely on[upon] outside consultants for
  ~에 대해 외부 상담가들에 의존하다

파생어

reliable 명 믿을 수 있는

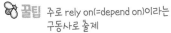 **꿀팁** 주로 rely on(=depend on)이라는
구동사로 출제

235 ⭐

reason
뤼이즌
[ríːzn]

- 몡 이유, 근거
- 동 이치를 따지다, 논리적으로 생각하다

기출

- **for security** reasons
  안전상의 이유로

- **the** reason **for the decision**
  결정을 내린 이유

- **within** reason
  상식 선에서

- **at** reasonable **prices**
  합리적인 가격으로

파생어

reasonable 혱 합리적인, 타당한
reasonably 뫼 합리적으로, 사리에 맞게

236 ⭐

point
퍼인(트)
[pɔint]

- 몡 요점, (경기) 득점
- 동 ~을 강조하다, ~을 가리키다

기출

- **outline the key** points
  핵심을 설명하다

- **the selling** point **for the house**
  그 집이 팔리게 하는 핵심 요소

- **to the** point
  간단명료한, 핵심을 짚어내는

- point out that **there is a serious error**
  심각한 오류가 있다고 지적하다

237 ⭐

audience

어디언스

[ɔ́ːdiəns]

명 관중, 청중

기출

- target a young audience
  젊은층을 겨냥하다

- attract[draw] a middle-aged audience
  중년층을 끌어들이다

- marketing strategies that reach a wide audience
  폭넓은 고객층에 다가가는 마케팅 전략

🍯 꿀팁 토익에서는 광고 청중=고객층

238 ⭐

superior

서**피**어리어ㄹ

[səpíəriər]

형 보다 우수한(to), 상급의

기출

- superior customer service
  뛰어난 고객 서비스

- one's superior computer skills
  월등한 컴퓨터 실력

- only use superior ingredients in all our dishes
  요리에 좋은 재료만을 사용하다

- be superior to other products
  다른 제품들보다 우수하다

파생어

superiority **명** 우월, 우세

239 ★

approach
어프**로**우취
[əpróutʃ]

- 통 접근하다
- 명 접근(법), 진입

- decide how to approach the new market
  새로운 시장에 어떻게 접근할지 결정하다

- adopt an innovative approach to product development
  제품 개발의 혁신적인 접근법을 채용하다

- an approaching deadline
  다가오는 마감시한

파생어

approaching 형 접근하는, 다가오는

240 ★

appealing
어**필**링
[əpíːliŋ]

- 형 마음을 끄는, 매력적인

기출

- make our design more appealing to teenagers
  우리 디자인이 10대들에게 더 매력적이도록 만들다

- The new advertising campaign is appealing to young women.
  새로운 광고 캠페인은 젊은 여성들의 마음을 끈다.

파생어

appeal 동 마음을 끌다, 호소하다(to)
　　　 명 호소, 매력

□ 단어와 그에 알맞은 뜻을 연결해 보세요.

1. affordable •   • ⓐ 저렴한

2. alternative •   • ⓑ 교체(품), 후임

3. replacement •   • ⓒ 대안, 대체하는

4. residential •   • ⓓ 주거의, 가정의

5. period •   • ⓔ 기간

□ 다음 빈칸에 알맞은 단어를 선택하세요.

ⓐ process	ⓑ issue	ⓒ market
ⓓ release	ⓔ subscription	

6. _____ a statement 성명을 발표하다

7. the _____ of a new book 신간의 출시

8. stay on the _____ 시장에서 살아남다

9. _____ your online order 귀하의 온라인 주문을 처리하다

10. purchase a one-year _____ 1년 정기구독권을 구매하다

정답 1. a 2. c 3. b 4. d 5. e 6. b 7. d 8. c 9. a 10. e

☑ 단어와 그에 알맞은 뜻을 연결해 보세요.

1. particularly •　　　　　　• ⓐ ~보다 우수한, 상급의

2. comparable •　　　　　　• ⓑ 비교할 만한, 필적할 만한

3. relatively •　　　　　　• ⓒ 현재, 지금

4. superior •　　　　　　• ⓓ 특히, 특별히

5. currently •　　　　　　• ⓔ 상대적으로, 비교적

☑ 다음 빈칸에 알맞은 단어를 선택하세요.

| ⓐ audience | ⓑ completely | ⓒ reasonable |
| ⓓ shortly | ⓔ leading |

6. become a _____ manufacturer 선도적인 제조사가 되다

7. _____ free of charge 완전 무료로

8. attract a middle-aged _____ 중년층을 끌어들이다

9. _____ after graduation 졸업 직후에

10. provide services at _____ prices
적절한 가격으로 서비스를 제공하다

정답 1. d 2. b 3. e 4. a 5. c 6. e 7. b 8. a 9. d 10. c

주문 / 배송

deliver

express

QR코드
단어, 뜻, 기출 예문 음원을
다운로드하실수 있습니다.

order

return

severely

Deliver vs Handle

Deliver(배송하다) 상품이나 물건을 수신인에게 가져다주는 것
Handle(취급하다) 상품이나 물건을 손으로 만지거나 다루는 것 (전달하는 개념은 없음)

order

어ㄹ더ㄹ

[ɔ́ːrdər]

동 주문하다

명 주문, 순서, 지시, 명령

기출

- order **office supplies** from
  ~로부터 사무용품을 주문하다

- place an order
  주문하다, 발주하다

- in order to **process a refund**
  환불을 처리하기 위해서

- in an orderly
  fashion[manner]
  질서정연하게

파생어

orderly 형 질서정연한, 가지런한

---

within

위딘

[wiðín]

전 (시간, 기한, 공간) 이내에

기출

- **prove to be defective** within
  the warranty period
  품질보증 기한 이내에 결함이 있음을
  입증하다

- within walking distance of +
  장소
  걸어서 ~에 갈 수 있는 거리 이내에

- within four weeks of **the
  purchase**
  구매 후 4주 이내에

- **be delivered** within three
  business days
  영업일로 3일 이내에 배송되다

therefore

데어ㄹ뿨ㄹ

[ðɛ́ərfɔːr]

🔵 그러므로

`기출`

- have more functions, therefore increasing the cost
  더 많은 기능이 있어서 비용을 상승시키다

- The deadline has been moved forward, and therefore we need more staff.
  마감이 앞당겨졌으며, 따라서 인력이 더 필요하다.

- You have ordered ten items. Therefore, you are eligible for an extra one for free.
  귀하는 10개를 주문하셨습니다. 그러므로 1개를 무료로 더 받으실 것입니다.

🐝 **꿀팁** 자주 등장하는 동의어로 thus가 있음

return

뤼터ㄹ언

[ritə́ːrn]

🔵 반환하다, 반품하다, 돌아오다
🟢 반환, 수익

`기출`

- return A to B
  A를 B에 반환하다

- be returned with the original receipt
  영수증 원본과 함께 반품되다

- return from the business trip
  출장에서 돌아오다

- produce solid returns
  탄탄한 수익을 거두다

DAY 9

place
플**레**이쓰
[pleis]

ensure
인**슈**어ㄹ
[inʃúər]

동 놓다, 배치하다
명 장소, 곳

기출

- place an advertisement in the newspaper
  신문에 광고를 내다

- be placed on every corner
  구석구석에 놓여지다

- an order that I placed for
  내가 ~에 대해 제출한 주문

- place an order
  주문을 제출하다, 발주하다

- name a place
  장소 이름을 대다

동 보장하다

기출

- in an effort to ensure accuracy
  정확성을 보장하기 위해

- ensure timely delivery
  신속한 배송을 보장하다

- Please ensure that all labels are printed correctly.
  모든 라벨이 정확히 인쇄되도록 하십시오.

247 ★★★

provided
프뤄**봐**이딧
[prɘváidid]

㉤ ~라면

- provided (that) you have the original receipt
  영수증 원본을 가지고 있다면

- provided (that) it shows no sign of damage
  손상의 흔적이 없다면

- provided (that) the budget plan is approved
  예산안이 승인된다면

- provided (that) we meet our sales target
  매출 목표를 달성한다면

248 ★★★

delay
딜**레**이
[diléi]

㉐ 연기하다, 지연시키다
㉥ 연기, 지체

- if your order is significantly delayed
  주문이 심하게 지연되고 있다면

- delay the opening until May
  개장을 5월로 연기하다

- apologize for the delay
  지연에 대해 사과하다

- will be printed without delay
  지체 없이 인쇄될 것이다

249 ★★★

delivery

딜**리**붜뤼

[dilívəri]

명 배송

맥딜리버리

기출

- allow three days for delivery
  배달에 3일의 여유를 주다

- confirm delivery of
  ~의 배송을 확인하다

- guarantee same-day delivery
  당일 배송을 보장하다

파생어

deliver **동** 배송하다, 전달하다

---

250 ★★★

approximately

어프**롹**서멋(틀)리

[əpráksəmətli]

부 대략

기출

- It takes approximately 10 days to arrive.
  도착하는 데 약 10일 정도 걸린다.

- approximately half of the manager's work
  매니저 업무의 대략 반

- last approximately three hours
  약 세 시간 지속되다

파생어

approximate **동** (수치가) ~에 가깝다
 형 근사치인
approximation **명** 근사치

꿀팁 주로 숫자 앞에 사용

251 ★★★

deliver

딜**리**붜ㄹ
[dilívər]

동 배송하다, 운송하다

기출

- deliver a parcel on time
  소포를 제 시간에 배달하다

- deliver the invitation in person
  초대장을 직접 전달하다

- deliver a speech [an address]
  연설을 하다

252 ★★

enclose

인클**로**-즈
[inklóuz]

동 동봉하다

기출

- enclose an invoice with the product
  상품과 함께 운송장을 동봉하다

- A gift certificate is enclosed in the package.
  포장 안에 선물권이 동봉되어 있습니다.

- Please sign the enclosed contract.
  동봉된 계약서에 서명해 주세요.

파생어

enclosed 형 동봉된
enclosure 명 둘러쌈, 동봉된 것

253 ★★

expanded
익스**팬**(딧)
[ikspǽndid]

📖 확대된, 확장된

기출

· an expanded list of
  healthcare services
  확대된 의료서비스 목록

· consider expansion into the
  hardware industry
  하드웨어 산업으로 사업 확장을
  고려하다

파생어

expansion 📖 확대, 확장

254 ★★

further
뿨ㄹ더ㄹ
[fɔ́ːrðər]

📖 더
📖 더 많은
📖 촉진하다, 발전시키다

기출

· expand its business further
  by -ing
  ~함으로써 사업을 더 확장하다

· until further notice
  추가 공지가 있을 때까지

· if you have further question
  질문이 더 있다면

· to avoid further delays
  더 이상의 지연을 피하려고

255 ★★

regardless
뤼**가**ㄹ들리스
[rigá:rdlis]

⬝ 상관하지 않고

기출

- Shipping is free, regardless of the customer's address.
  고객의 거주지와 상관 없이 배송은 무료이다.

- regardless of experience
  경력에 상관 없이

파생어

regard **⑧** ~라고 여기다, 존중하다
　　　 ⑨ 존중, 안부
regarding **㉓** ~에 관하여

꿀팁 단독으로 사용되는 경우는 드물고
　　　 전치사 regardless of 형태로 사용

256 ★★

express
익스프**뤠**스
[iksprés]

⑧ (감정을) 표현하다, 표출하다
⑲ 명확한, 속달의

기출

- express one's interest in publishing the story
  그 이야기를 출간하는 것에 관심을 표하다

- express full support for
  ~에 대한 전폭적 지지를 표명하다

- express shipping
  빠른 배송, 특급 배송

- must be written expressly
  명확하게 작성되어야 한다

파생어

expressly **⑬** 명확하게

257 ★★

defective
디**뻭**티입
[diféktiv]

ⓗ 결함이 있는

기출

- return defective
  merchandise
  결함 있는 상품을 반품하다

- if you order is defective
  귀하의 주문품에 결함이 있다면

- ensure that no defective
  merchandise is shipped
  어떤 결함 상품도 발송되지 않도록 하다

파생어

defect ⓜ 결함, 흠

258 ★★

inconvenience
인컨**뷔**년스
[inkənví:njəns]

ⓜ 불편
ⓢ 불편을 끼치다

기출

- cause some inconvenience
  약간의 불편을 초래하다

- We regret any inconvenience
  this has caused.
  이로 인해 불편을 느끼셨다면 사과
  드립니다.

- We apologize if this
  inconveniences you.
  이것으로 불편을 드리고 있다면
  죄송합니다.

파생어

convenience ⓜ 편리, 편의

259 ★★

probably
프**롸**버블리
[prábəbli]

🖲 아마도

- probably due to a power outage
  아마도 정전 때문에

- will probably take at least five business days
  아마도 영업일로 닷새가 걸릴 것이다

- It is probable that the chair was damaged in transit.
  아마도 의자가 운송 중에 파손되었을 것이다.

파생어

probable 🖲 있음직한, 가능성 있는
probability 🖲 가능성

260 ★★

disruption
디스**뤕**션
[disrʌpʃən]

🖲 중단, (통신)두절, 장애

고객이 전화를 받지 않아~
뚜-뚜-

기출

- a temporary disruption in our order processing system
  저희 주문 처리 시스템에 발생한 일시적 장애

- apologize for the recent disruption in the power supply
  최근의 전력 공급 중단 사태에 대해 사과하다

파생어

disrupt 🖲 중단시키다, 두절시키다
disruptive 🖲 파괴적인, 방해하는

261 ★★

several
쎄붜뤌
[sévərəl]

형 몇몇의, 약간의
명 몇몇, 약간

기출

- listen to several suggestions
  몇 가지 제안을 듣다

- be delayed by several days
  며칠간 지연되다

- several of our employment policies
  우리 채용 정책 중 일부

🍯 **꿀팁** 뒤에 오는 명사는 반드시 복수 형태

262 ★★

initial
이니셜
[iníʃəl]

형 처음의, 초기의

기출

- the initial findings
  초기 발견 내용

- the initial shipment of your order
  귀하의 주문에 대한 일차 발송

- We experienced hardships initially.
  우리는 처음에 어려움을 겪었다.

파생어

initially 부 처음에, 초기에

263 ★

ship
쉽
[ʃip]

264 ★

amount
어**마**운(트)
[əmáunt]

동 배송하다, 발송하다

- be shipped within 24 hours
  24시간 이내에 배송되다

- once your order has been shipped
  일단 귀하의 주문이 발송되면

파생어

shipment **명** 발송, 선적

명 양, 액수

기출

- generate a significant amount of profits
  상당한 액수의 수익을 창출하다

- restrict the amount of sugar we consume
  우리가 섭취하는 설탕의 양을 제한하다

- the error in the amount charged for
  ~에 대해 청구된 금액의 오류

파생어

amount to **동** (합이) ~에 이르다

receipt
뤼**씨**잇
[risíːt]

guarantee
개**뤈티**
[gǽrəntíː]

명 영수증, 수령

동 보장하다, 보증하다
명 보장, 보증

기출

- guarantee a quality service
  양질의 서비스를 보장하다

- guarantee customers same-day delivery
  고객들에게 당일 배송을 보장하다

- offer[provide] a money-back guarantee
  환불 보증을 제공하다

기출

- turn in receipts for reimbursement
  환급 받기 위해 영수증을 제출하다

- keep the original receipt
  원본 영수증을 보관하다

- upon receipt of the parcel
  소포 수령 즉시

- confirm receipt of the invoice
  운송장을 수령했다고 알려주다

267 ★

damage
대미쥐
[dǽmidʒ]

268 ★

transit
트**뢘**짓
[trǽnzit]

명 손상, 파손
동 손상시키다

동 운송하다
명 운송, 교통

기출

- items lost in transit
  운송 중에 분실된 물건

- buy individual transit tickets
  개별 교통편 티켓을 구입하다

- the transit system in
  Western Europe
  서유럽의 교통 시스템

- improve the city's transit
  system
  시의 교통 시스템을 개선하다

기출

- cause damage to the goods
  in transit
  배송 중 상품에 손상을 야기하다

- damaged products
  손상된 제품

- arrive damaged
  손상된 채로 도착하다

파생어

damaged 형 손상된, 망가진

apology
어**팔**러쥐
[əpálədʒi]

명 사과

기출

- accept one's apologies for the delay
  지연된 것에 대한 사과를 받아주다

- offer one's sincere apologies
  진심으로 사과하다

- apologize to its customers for the recent access issues
  고객들에게 최근의 접속 장애에 대해 사과하다

파생어

apologize **동** 사과하다

severely
씨**뷔**얼리
[sivíərli]

부 극심하게, 몹시

기출

- be severely damaged by a storm
  폭풍우로 인해 심하게 손상되다

- be severely damaged while in transit
  운송 중에 심하게 손상되다

파생어

severe **형** 극심한

🐝 **꿀팁** 자주 사용되는 동의어로 seriously, badly가 있음

| DAY 10 |
고객 서비스 / 관리

ability

complaint

QR코드
단어, 뜻, 기출 예문 음원을
다운로드하실수 있습니다.

efficiently

hesitate

preference

Preference Choice

Preference(선호) 두 대상 중 어느 하나를 더 좋아하는 비교의 개념
Choice(선택) 선택을 위해 주어진 것들 또는 선택된 것

directly
디**뤡**(틀)리 / 다이**뤡**(틀)리
[diréktli]　　[dairéktli]

🔟 직접적으로, 바로

기출

- submit all expense reports directly to the accounting manager
  지출 보고서를 회계부장에게 직접 제출하다

- contact the Personnel manager directly
  인사부장에게 직접 연락하다

- be shipped directly from our warehouse
  창고에서 직접 발송되다

highly
하일리
[háili]

🔟 대단히, 매우

기출

- a highly successful charity event
  매우 성공적인 자선 행사

- a highly regarded businessman
  매우 존경 받는 기업가

- highly trained employees
  고도로 훈련된 직원들

- receive high customer satisfaction ratings
  높은 고객만족 등급을 받다

파생어

high 🔟 높은
　　🔟 높이, 높게

273 ★★★★

address

동 명 어드**뤠**스   명 **애**드뤠스

[ədrés]   [ǽdres]

동 다루다, 해결하려고 애쓰다,
    처리하다, 연설하다

명 주소, 연설

기출

- address customer
  complaints politely
  고객 불만을 정중하게 처리하다

- address many issues at the
  meeting
  회의에서 많은 사안들을 다루다

- address concerns about the
  budget proposal
  예산안에 대한 우려를 다루다

- address a large audience
  대규모 청중에게 연설하다

274 ★★★

response

뤼스**판**스

[rispáns]

명 반응, 대답, 회신

기출

- be pleased with the
  enthusiastic response
  열광적인 반응에 기뻐하다

- response to your
  presentation
  당신의 발표에 대한 반응

- in response to complaints
  from customers
  고객 불만에 응답하여

파생어

responsive 형 반응하는

275 ★★★

representative

뤠프뤼**젠**터딥
[reprizéntətiv]

명 대표자, 직원
형 대표하는, 전형적인

안녕하세요, 고객님~

기출

- serve as the company's representative
  회사의 대리인 역할을 하다

- a technical support representative
  기술 지원 직원

- be representative of
  ~을 상징하다[대표하다]

- represent the company
  회사를 대표하다

파생어

represent **동** 대표하다, 대리하다

276 ★★★

specifically

스피**씨**뿨컬리
[spisífikəli]

부 특히, 명확하게

기출

- focus specifically on
  ~에 특히 집중하다

- be designed specifically to meet the needs of travelers
  특히 여행자들의 필요에 맞추어 고안되다

- specify the number of guests
  손님들의 수를 구체적으로 밝히다

- meet the design specifications
  설계 규격을 충족하다

파생어

specify **동** (구체적으로) 명시하다
specification **명** 설계 규격, 설계 사양

277 ★★
regarding
뤼**가**ㄹ딩
[rigáːrdiŋ]

278 ★★
convenient
컨**뷔**년(트)
[kənvíːnjənt]

전 ~에 관하여

형 편리한

기출

- have questions regarding the new product
  신제품에 대해 질문이 있다

- if you have problems regarding this bill
  이 청구서에 대해 문제가 있으면

- information regarding reimbursement procedures
  환급 절차에 대한 정보

기출

- offer convenient customer service hours
  편리한 고객서비스 시간을 제공하다

- whenever it's convenient for you
  언제든 귀하가 편하신 시간에

- at your earliest convenience
  귀하가 편하신 가장 빠른 시간에

- be conveniently located
  편리한 곳에 위치하다

파생어

convenience 명 편의, 편리
conveniently 부 편리하게

accessible

액**쎄**써블

[æksésəbl]

efficiently

이**쀠**션(틀)리

[ifíʃəntli]

형 접근 가능한, 이용 가능한

부 효율적으로

기출

- accessible through our Web site
  우리 웹 사이트를 통해 접근할 수 있는

- accessible only to customers with identification
  신분증을 가진 고객들만 이용 가능한

- easily accessible by bus
  버스로 쉽게 접근 가능한

- inaccessible due to the renovation work
  개조 공사 때문에 접근[이용]이 불가한

파생어

inaccessible 형 접근할 수 없는, 이용할 수 없는

기출

- track shipments more efficiently
  배송을 더 효율적으로 추적하다

- handle customer requests efficiently
  고객 요청사항을 효율적으로 다루다

- perform complex tasks efficiently
  복잡한 업무를 효율적으로 수행하다

281 ★★

improve
임프**루**웁
[imprúːv]

동 향상시키다

기출

- improve our customer service
  고객서비스를 개선하다

- improve productivity
  생산성을 증가시키다

- improve overall production
  전반적인 생산량을 증가시키다

- improve communication among staff
  직원들 간의 의사소통을 향상시키다

파생어

improvement **명** 향상, 개선

282 ★★

preference
프**뤠**뿨런스
[préfərəns]

명 선호, 취향, 선호하는 것

기출

- indicate one's food preference on the form
  양식에 음식 취향을 명시하다

- show a strong preference for A over B
  B보다 A에 대한 강한 선호도를 보여주다

- an increasing preference for online shopping
  증가하는 온라인 쇼핑 선호

283 ★★

communicate
커**뮤**너케잇
[kəmjú:nəkeit]

⑧ 소통하다, 대화하다

기출

- communicate with **each other**
  서로와 소통하다

- communicate directly with **customers**
  고객들과 직접 소통하다

- communicate **a** message[information]
  메시지[정보]를 전하다

파생어

communication ⑲ 의사소통, 대화, 통신(복수형)

284 ★★

inquiry
인**콰**이어리 / **인**쿼뤼
[inkwáiəri]   [ínkwəri]

⑲ 질의, 문의

기출

- make an inquiry about **the service**
  서비스에 대해 문의하다

- address almost all of the customer **inquiries**
  거의 모든 고객 문의를 해결하다

- inquire about **the job opening**
  채용에 대해 문의하다

파생어

inquire ⑧ 묻다

handle
핸들
[hǽndl]

complaint
컴플레인(트)
[kəmpléint]

동 다루다, 처리하다, 취급하다

기출

- handle a variety of issues
  다양한 문제를 다루다

- handle customer complaints efficiently
  고객 불만을 효율적으로 처리하다

- handling charges
  취급 수수료

- require careful handling
  세심한 취급이 요구되다

파생어

handling **명** 취급, 처리

명 불평, 불만

기출

- make a complaint
  불평하다

- receive numerous complaints about
  ~에 대해 수많은 불만사항을 접수하다

- resolve all customer complaints
  고객불만을 모두 해소하다

- complain about the service
  서비스에 대해 불평하다

파생어

complain **동** 불평하다

287 ★★

feedback
뛰잇백
[fíːdbæk]

명 의견, 피드백

기출

- receive valuable feedback from customers
  고객들로부터 소중한 의견을 받다

- provide immediate feedback
  즉각적인 피드백을 제공하다

- in response to customer feedback
  고객 의견에 대응하여

288 ★

aware
어웨어ㄹ
[əwέər]

형 알고 있는

기출

- be well aware of consumer needs
  소비자가 필요로 하는 점들을 잘 알고 있다

- Please be aware that an inspection will be conducted this Thursday.
  이번 주 목요일에 점검이 실시됨을 알아두시기 바랍니다.

- Many employees are unaware of next month's relocation to Chicago.
  많은 직원들이 다음 달 시카고로 이전하는 것을 잘 모르고 있다.

파생어

unaware **형** 모르고 있는

289 ★

patronage
페이트뤄니쥐
[péitrənidʒ]

명 단골거래, 후원

늘 먹언거로 주세요~

기출

· Thank you for your patronage.
거래에 감사드립니다.

· We look forward to your continued patronage.
귀하와 계속 거래하기를 고대합니다.

· in appreciation of your frequent patronage
자주 거래하는 것에 대한 감사의 표시로

파생어

patron **명** (단골) 고객
patronize **동** 단골로 다니다, 후원하다

290 ★

client
클라이언(트)
[kláiənt]

명 고객

기출

· one of our most important clients
우리의 가장 중요한 고객 중 한 분

· a potential[prospective] client
잠재 고객

· receive high ratings for client satisfaction
고객 만족 부문에서 높은 등급을 받다

based

베이슷(트)

[beist]

survey

(명) 써ㄹ붸이   (동) 써ㄹ**붸**이

[sə́rvei]   [sərvéi]

(형) 기반한(on), ~에
근거지[본사]를 둔(in)

기출

- based on the reviews of our new product
  우리 신제품의 사용 후기에 근거하여

- be based on newly-developed market theories
  새로 개발된 시장 이론에 기반하다

- a multinational company based in Syracuse, New York
  뉴욕 시라큐스에 본사를 둔 다국적 기업

- on a regular basis
  정기적으로

파생어

basis (명) 기초, 기반, 토대

(명) 설문 조사
(동) ~에게 설문을 실시하다

기출

- participate in a survey
  설문에 참여하다

- conduct a survey
  설문 조사를 실시하다

- complete a customer satisfaction survey
  고객만족 설문 조사를 작성하다

- A recent survey shows that절
  최근 설문 조사에 의하면 ~이다

293 ★

respond
뤼스**판**(드)
[rispánd]

294 ★

numerous
누머뤄스
[nú:mərəs]

동 대답하다, 회신하다 (to),
반응하다 (to)

형 많은, 다수의

기출

• respond promptly to
  ~ 에 신속하게 응답하다

• respond to all inquiries
  regarding the negotiation
  협상에 관한 모든 질의에 응답하다

• responsive to the needs of
  customers
  고객의 요구에 반응하는

파생어

response **명** 응답, 대응
respondent **명** 응답자
responsive **형** 반응하는

기출

• receive numerous
  complaints
  많은 불만을 접수 받다

• offer numerous options
  다양한 옵션을 제공하다

꿀팁 뒤에 오는 명사는 반드시 복수 형태

satisfied
쌔티스빠잇
[sǽtisfaid]

positive
파지팁
[pázitiv]

형 만족하는

형 긍정적인

난 할 수 있어!

기출

- be completely satisfied with the purchase
  구매품에 완전히 만족하다

- keep the customers satisfied
  고객들을 계속 만족시키다

- a high level of satisfaction
  높은 만족도

- customer satisfaction
  고객 만족

파생어

satisfaction **명** 만족, 충족

기출

- positive responses to the new service
  새로운 서비스에 대한 긍정적인 반응

- receive positive feedback[reviews] from users
  사용자들로부터 긍정적인 피드백[평가]을 받다

- have a positive effect on
  ~에 긍정적인 영향을 미치다

파생어

positively **부** 분명히, 긍정적으로

297 ★

appreciation
어프뤼-시에이션
[əpriːʃiéiʃən]

명 감사

기출

- express[show] one's appreciation for
  ~에 대해 감사를 표하다

- in appreciation of your frequent visits to our Web site
  저희 사이트를 자주 방문하시는 것에 대한 감사의 표시로

- I would appreciate it if절
  ~해 주신다면 감사하겠습니다

- be appreciative of your interest in
  ~에 관심을 가져주셔서 감사하다

파생어

appreciate **동** 감사하다, 이해하다
appreciative **형** 감사하는

298 ★

ability
어빌러티
[əbíləti]

명 능력

기출

- have the ability to do
  ~할 능력을 지니다

- her exceptional problem-solving ability
  그녀의 탁월한 문제 해결 능력

- the ability to work in harmony
  화합하여 일할 수 있는 능력

파생어

able **형** 가능한, 유능한, 할 수 있는

hesitate

헤저테잇

[hézəteit]

concern

컨**써**ㄹ언

[kənsə́ːrn]

동 망설이다, 주저하다

기출

- Do not hesitate to contact our customer service department.
  주저하지 말고 고객서비스부서에 연락하세요.

- hesitant to apply for the internship
  인턴 지원을 주저하는

- without hesitation
  망설이지 않고, 지체없이

파생어

hesitant 형 망설이는, 주저하는
hesitation 명 망설임, 주저함

명 우려, 걱정, 관심(사)
동 걱정시키다, 연관시키다

기출

- respond to any concern you have
  귀하가 가진 어떤 우려에 대해서도 답변하다

- address several concerns that are related to the construction project
  공사와 관련된 몇 가지 우려 사항들을 다루다

- amid concerns about the huge deficit
  상당한 적자에 대한 우려 속에서

파생어

concerning 전 ~에 관하여
concerned 형 염려하는, 관련된

◻ 단어와 그에 알맞은 뜻을 연결해 보세요.

1. ensure •   • ⓐ 사과

2. severely •   • ⓑ 보장하다

3. enclose •   • ⓒ 처음의, 초기의

4. initial •   • ⓓ 동봉하다

5. apology •   • ⓔ 극심하게, 몹시

◻ 다음 빈칸에 알맞은 단어를 선택하세요.

| ⓐ within | ⓑ further | ⓒ order |
| ⓓ delay | ⓔ approximately | |

6. _____ the opening until May 개장을 5월로 연기하다

7. if you have _____ question 질문이 더 있다면

8. place an _____ 주문하다, 발주하다

9. _____ four weeks of the purchase 구매 후 4주 이내에

10. last _____ three hours 약 세 시간 지속되다

정답 1. b 2. e 3. d 4. c 5. a 6. d 7. b 8. c 9. a 10. e

◻ 단어와 그에 알맞은 뜻을 연결해 보세요.

1. accessible •   • ⓐ 접근 가능한, 이용 가능한

2. directly •   • ⓑ 알고 있는

3. aware •   • ⓒ 망설이다, 주저하다

4. specifically •   • ⓓ 특히, 명확하게

5. hesitate •   • ⓔ 직접적으로, 바로

◻ 다음 빈칸에 알맞은 단어를 선택하세요.

ⓐ regarding   ⓑ highly   ⓒ representative
ⓓ address   ⓔ convenient

6. a _____ successful charity event 매우 성공적인 자선 행사

7. serve as the company's _____ 회사의 대리인 역할을 하다

8. whenever it's _____ for you 언제든 귀하가 편하신 시간에

9. _____ customer complaints politely
고객 불만을 정중하게 처리하다

10. have questions _____ the new product 신제품에 대해
질문이 있다

정답 1. a 2. e 3. b 4. d 5. c 6. b 7. c 8. e 9. d 10. a

취업 / 채용

match

persistence

QR코드
단어, 뜻, 기출 예문 음원을
다운로드하실수 있습니다.

resource

seek

soon

Requirements **vs** Qualifications

Requirements(요건) 채용자가 요구하는 자격
Qualifications(자질) 지원자가 갖추고 있는 능력

addition
어**디**션
[ədíʃən]

🅜 추가(인원), 추가물

기출

- the addition of a new dish to the special menu
  특별 메뉴에 새로운 요리의 추가

- a welcome addition to + 회사
  ~에게 반가운 추가 요소[충원 인력]

- in addition
  추가로, 덧붙여

- at no additional charge
  추가 비용 없이

파생어

add 🅓 추가하다, 덧붙이다
additional 🅐 추가적인, 여분의
additionally 🅟 게다가

---

experience
익스**삐**-뤼언(스)
[ikspíəriəns]

🅜 경험, 경력
🅓 경험하다

기출

- have a good experience with the company
  회사에서 좋은 경험을 하다

- based on many years of teaching experience
  다년간의 교습 경력을 바탕으로

- No previous experience is required.
  이전 경력은 필요하지 않습니다.

- experienced workers
  숙련된 근로자들

파생어

experienced 🅐 숙련된, 경력이 많은

303 ★★★★

consider
컨**씨**더ㄹ
[kənsídər]

동 고려하다, 간주하다, 여기다

- consider relocating to London
  런던으로 전근하는 것을 고려하다

- Late applications will not be considered.
  늦게 접수된 지원서는 고려되지 않을 것이다.

- be considerate of others
  다른 이들을 배려하다

- take the changes into consideration
  변동사항들을 고려하다

considerate 형 사려 깊은, 배려하는
consideration 명 고려, 배려

304 ★★★★

soon
쑨-
[suːn]

부 곧, 금방, 조만간

신속배달

- will be joining us soon
  곧 입사할 것이다

- soon after joining the company
  입사한 직후에

- as soon as Ms. Glenn returns from the trip
  글렌 씨가 여행에서 돌아오자마자

🍯 꿀팁 주로 미래시제 조동사 will 또는 be expected to와 함께 사용

DAY 11

305 ★★★★

interested
인터뤠스팃
[íntərestid]

📐 관심 있는

기출

- be interested in **the sales position**
  영업직에 관심이 있다

- **anyone** interested in **learning about**
  ~을 배우는 데 관심 있는 어느 누구라도

파생어

interesting 📐 흥미로운
interest 📐 관심, 흥미

306 ★★★

requirement
뤼콰이어ㄹ먼(트)
[rikwáiərmənt]

📐 필요, 요구 조건, 자격 요건

기출

- a requirement **for the position**
  그 직책의 필수 요건

- **be well suited to the** requirements
  자격 요건에 잘 들어맞다

- **meet the** requirements
  자격 요건에 부합하다

파생어

require 📐 필요로 하다

307 ★★★

accept
액**쎕**트 / 억**쎕**(트)
[æksépt]　[əksépt]

동 받아들이다, 수락하다

기출

- accept an invitation
  초대를 수락하다

- accept credit cards
  신용카드를 받다

- accept a position
  직책을 수락하다

- accept applications from
  thousands of job candidates
  수천 명의 구직자들로부터 입사지원서를
  받다

파생어

acceptance **명** 수락, 승인

308 ★★★

submit
써밋
[səbmít]

동 제출하다

기출

- submit the shift schedule
  근무 시간표를 제출하다

- submit an application
  to+사람
  ~에게 지원서를 제출하다

- be submitted by e-mail
  이메일로 제출되다

- will not return any
  submissions we receive
  접수된 제출물은 일절 반환하지 않을
  것이다

파생어

submission **명** 제출, 제출물

apply
어플**라**이
[əplái]

동 지원하다, 적용하다,
응용하다, 바르다

기출

- apply for a position
  일자리에 지원하다

- apply different ideas to the
  new marketing strategy
  새로운 마케팅 전략에 다양한
  아이디어를 적용하다

- apply sunscreen to the face
  얼굴에 자외선 차단제를 바르다

- operate electrical appliances
  전자기기를 다루다

파생어

appliance 명 기기
application 명 지원, 적용,
　　　　　　　응용(프로그램)
applicable 형 적용할 수 있는, 해당되는

---

successful
썩**쎄**스뿰
[səksésfəl]

형 성공적인

기출

- highly[moderately]
  successful
  매우[어느 정도] 성공적인

- the most successful
  convention so far
  역대 가장 성공적인 총회

- a successful candidate
  합격자

- a major success
  대단한[주요] 성공작

파생어

success 명 성공, 성공작
successfully 부 성공적으로

311 ★★★

welcome
웰컴
[wélkəm]

동 환영하다
형 환영하는, 반가운
명 환영

기출

- welcome newcomers to the company
  신입사원들의 입사를 환영하다

- welcome tour groups on Saturdays
  토요일마다 단체 견학을 맞이하다

- be welcome to use the battery chargers
  배터리 충전기를 마음껏 이용할 수 있다

312 ★★★

select
씰렉트
[silékt]

동 선택하다, 선정하다

기출

- select candidates for interviews
  면접 후보를 선정하다

- be selected to receive this year's award
  올해의 수상자로 선정되다

- be selective about
  ~에 대해 신중하다[까다롭다]

파생어

selective 형 까다로운, 선별적인

313 ★★★

qualified
콸러빠잇
[kwáləfaid]

형 자질 있는, 적격인

기출

- highly qualified **applicants**
  매우 유능한 지원자들

- qualified **repair technicians**
  자격을 갖춘 수리기사들

- be qualified for **the position**
  직책에 적격이다

- have qualifications for **the job**
  일에 맞는 자질을 가지고 있다

파생어

qualification **명** 자질, 자격요건

314 ★★

reference
뤠뿨런스
[réfərəns]

명 참조, 추천(서)

기출

- for quick[easy] reference
  빠른[쉬운] 참조를 위해

- for your reference
  귀하가 참조하실 수 있도록

- a letter of reference
  추천서

- refer to **the employee handbook**
  업무 지침서를 참조하다

- obtain a referral from one's supervisor
  상사로부터 추천서를 받다

파생어

refer **동** 참조하다, 언급하다
referral **명** 위탁, 추천(서)

315 ★★

applicant
애플리컨(트)
[ǽplikənt]

명 지원자, 신청자

기출

- most applicants possess ~
대부분의 지원자들은 ~을 가지고 있다

- qualified applicants
자질이 있는 지원자들

- interview applicants for the position
그 직책의 지원자들에 대한 면접을 실시하다

- very knowledgeable applicants
매우 박식한 지원자들

파생어

apply **동** 지원하다, 신청하다

316 ★★

candidate
캔디데잇
[kǽndideit]

명 후보자, 지원자

기출

- highly qualified candidates from around the world
전 세계에서 모인 매우 유능한 지원자들

- interview candidates for the accounting position
회계직 지원자들의 면접을 실시하다

- very promising candidates
매우 유망한 후보자들

- successful candidates
합격자들

317 ★★

seek
씨익
[si:k]

동 찾다, 구하다

기출

- seek qualified candidates
  자격을 갖춘 지원자들을 찾다

- seek new sources of income
  새로운 수입원을 찾다

- seek suggestions from team members
  팀원들로부터 의견을 구하다

- seek advice about the housing market
  주택 시장에 대해 조언을 구하다

318 ★★

related
륄레이팃
[riléitid]

형 관련된

기출

- require at least 3 years of related experience
  적어도 3년의 관련 경력이 필요하다

- information related to the upcoming seminar
  다가오는 세미나에 관련된 정보

- an inquiry related to the renewal of your subscription
  귀하의 구독 연장과 관련된 문의

파생어

related to 전 ~와 관련된

valuable
밸류어블
[væljuəbl]

employment
임플**러**이먼(트)
[implɔ́imənt]

형 소중한, 값비싼

소중한 우리 아가

기출

- offer valuable information
  귀중한 정보를 제공하다

- an extremely valuable asset
  to the team
  팀의 매우 소중한 재원

- a valued member
  소중한 회원

파생어

value 동 소중히 여기다, 가치를 매기다
valued 형 귀중한, 소중한

명 고용, 취업

기출

- be looking for employment
  일자리를 찾는 중이다

- seek[look for] employment
  일자리를 구하다

- an inquiry about
  employment with + 회사명
  ~에서 진행하는 채용에 대한 문의

파생어

employ 동 고용하다, 이용하다
employee 명 직원
employer 명 고용주

DAY 11

321 ★★

skilled
스낄(드)
[skild]

형 숙련된, 뛰어난

기출

- highly skilled workers
  매우 숙련된 직원들

- be especially skilled at
  giving presentations
  특히 발표하는 기술이 좋다

- should be skilled in the use
  of accounting software
  회계 소프트웨어의 사용 기술이
  뛰어나야 하다

파생어

skill **명** 기술

꿀팁 자주 등장하는 동의어로
experienced, skillful이 있음

322 ★

resource
뤼써르스
[ríːsɔːrs]

명 자원, 재원

기출

- the human resources
  department
  인사부

- a sufficient supply of natural
  resources
  천연 자원의 충분한 공급

- be an invaluable resource
  for
  ~에게 매우 소중한 자원이다

323 ★

hire
하이어ㄹ
[haiər]

동 고용하다, 채용하다
명 채용자

기출

- hire extra editors to meet the deadline
  마감일을 맞추기 위해 추가로 편집자를 고용하다

- be hired to lead the sales division
  영업부를 이끌도록 채용되다

- hire two more assistants
  두 명의 조수를 더 채용하다

- all new hires
  모든 신입사원들

324 ★

field
쀨(드)
[fiːld]

명 분야

기출

- an expert in the field of business consulting
  비즈니스 컨설팅 분야의 전문가

- other related fields
  기타 관련 분야들

- have experience in the field
  해당 분야에서 경력을 갖고 있다

- extremely knowledgeable in one's field
  자신의 분야에 대해 매우 해박한

325 ★

qualify
콸러빠이
[kwáləfai]

동 자격을 주다, 자격이 되다, 자격이 있다

기출

- qualify for a discounted ticket
  할인 티켓을 받을 자격이 되다

- A purchase over $30 will qualify you for free shipping.
  30달러 이상의 구매를 하시면 무료 배송을 받으실 자격을 갖추게 됩니다.

- the candidate's impressive qualifications
  지원자의 인상적인 자질

- be qualified for the role
  그 역할에 적격이다

파생어

qualification 명 자질, 자격요건
qualified 형 적격인, 유능한

326 ★

expertise
엑스퍼ㄹ**티**-즈
[ekspərtíːz]

명 전문 지식

다 알아.

기출

- require a great deal of marketing expertise
  엄청난 마케팅 전문 지식을 요구하다

- have expertise in architecture
  건축에 대한 전문 지식을 지니다

- be expertly prepared by our head chef
  우리 수석 주방장이 능숙하게 준비하다

파생어

expert 명 전문가 형 전문적인
expertly 부 능숙하게

description

디스크**립**션
[diskrípʃən]

명 묘사, 설명

기출

- a detailed description of the position
  그 직책에 대한 상세한 설명

- give an accurate description of the candidate's experience
  후보의 경력에 대한 정확한 설명을 하다

- product descriptions
  제품 설명(서)

persistence

퍼ㄹ**씨**스턴(스)
[pərsístəns]

명 인내, 끈기, 지속

기출

- require persistence in the face of difficulties
  난관에 직면하여 인내를 요구하다

- persistence is the most important factor in -ing
  ~에서 끈기가 가장 중요한 요인이다

- remove a persistent stain
  잘 지워지지 않는 얼룩을 없애다

파생어

persistent **형** 끈질긴, 지속적인
persistently **부** 끈질기게, 지속적으로

DAY 11

329 ★

match
매취
[mætʃ]

⑤ 일치하다, 어울리다
⑲ 짝, 맞수, 시합

기출

- match an applicant to an appropriate job opening
  지원자를 적절한 일자리에 연결하다

- does not match the actual charge
  실제 청구 금액과 일치하지 않다

- the tennis match sponsored by
  ~가 후원하는 테니스 경기

330 ★

key
키-
[kiː]

⑲ 중요한, 핵심의
⑲ 비결

기출

- a key factor[element] in -ing
  ~하는 데 있어서 주요한 요인[요소]

- a key attribute that interviewers look for in job applicants
  면접자들이 구직자들에게서 찾는 주요 특성

- the key to maximizing profits
  수익 극대화의 비결

| DAY 12 |
승진 / 퇴사

evaluate

outstanding

position

prepare

regret

Retirement vs Resignation

Retirement(퇴직) 임기를 마치고 또는 정년이 되어 직책에서 물러남
Resignation(사직) 임기가 만료하기 전에 자발적으로 직책에서 물러남

service

써ㄹ뷔스

[sə́ːrvis]

favorably

쀄이붜뤄블리

[féivərəbli]

---

⑲ 서비스, 봉사, 근무

⑧ (판매 후) 수리하다

기출

- This service is free to + 사람
  이 서비스는 ~에게 무료이다

- after 5 years of service as CEO
  최고경영자로 5년 근무한 후에

- provide a much-needed service to
  ~에게 몹시 필요한 서비스를 제공하다

---

⑲ 유리하게, 호의적으로

기출

- be generally viewed favorably
  대체적으로 우호적인 평을 받다

- be favorably received by customers
  고객들에게 좋게 평가받다

- as long as weather conditions are favorable
  기상 조건이 유리하기만 하다면

파생어

favor ⑲ 호의
　　　⑧ 호의를 베풀다
favorable ⑱ 호의적인, 유리한

333 ★★★★

promotion
프뤄**모**우션
[prəmóuʃən]

명 승진, 홍보, 촉진, 고취

야호~ 과장됐다!

DAY 12

기출

- receive a promotion
  승진하다

- announce the promotion of
  A to the position of B
  B라는 직책에 대한 A의 승진을
  발표하다

- This promotion ends on May
  31st.
  이 홍보행사는 5월 31일에 끝납니다.

334 ★★★

recommend
뤠커**멘**드
[rekəménd]

동 (사람을) 추천하다,
(~하도록) 권고하다

기출

- recommend Mr. Higgins as
  a candidate for the position
  히긴스 씨를 그 직책의 후보자로
  추천하다

- highly recommend taking a
  tour to Bali
  발리 여행을 적극 추천하다

- recommend that all
  customers change their
  passwords once a month
  모든 고객들에게 한 달에 한 번
  비밀번호를 바꾸도록 권고하다

- make a recommendation
  추천하다

파생어

recommendation **명** 추천, 권고

335 ★★★

eligible
엘리줘블
[élidʒəbl]

⑱ 자격이 있는

- be eligible for **promotion**
  승진의 자격이 있다

- be eligible to **participate**
  참가 자격이 있다

- be eligible to **apply for the branch manager position**
  지점장 직에 지원할 자격이 있다

eligibility ⑲ 적임

336 ★

position
퍼**지**션
[pəzíʃən]

⑲ 위치, 자리, 상황, 입장
⑤ 배치하다

- hold a position for three years
  3년간 자리를 유지하다

- secure the top position
  최고의 자리를 따내다

- a marketing position
  마케팅 직

- be positioned on the corner
  구석에 위치하다

337 ★★

effort
에**뿨**ㄹ(트)
[éfərt]

338 ★★

approve
어프**루**웁
[əprúːv]

명 노력, 수고, 시도

동 승인하다

기출

- present Ms. Pearce with an award for her outstanding effort
  피어스 씨의 남다른 노력에 상을 주다

- in an effort to boost sales
  매출을 증가시키려는 노력으로써

- make an effort
  노력하다

- come apart effortlessly
  쉽게 분해되다

파생어

effortlessly **부** 쉽게, 힘들이지 않고

기출

- approve one's promotion
  ~의 승진을 승인하다

- approve a building plan
  건축 계획을 승인하다

- be stored in approved containers
  승인된 용기에 보관되다

파생어

approvingly **부** 찬성하여, 만족스럽게
approval **명** 승인

opportunity

아퍼ㄹ**튜**너티
[apərtjú:nəti]

excellent

엑설런(트)
[éksələnt]

🅜 기회

🅗 훌륭한

기출

- find more about the job opportunity
  취업 기회에 대해 더 알아보다

- have the opportunity to interview + 사람
  ~를 인터뷰할 기회를 갖다

- a career opportunity
  경력을 쌓을 기회

- an opportunity to join the team
  팀에 합류할 기회

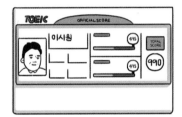

기출

- congratulate the sales staff on their excellent performance
  훌륭한 성과에 대해 영업사원들을 축하하다

- lead to excellent results
  멋진 결과를 낳다

- excellent management skills
  훌륭한 관리 능력

- a record of excellence in job performance
  직무 수행에 있어 탁월함을 보여주는 기록

intention

인**텐**션

[inténʃən]

명 의도, 목적

• inform the manager of one's intention to quit
부서장에게 퇴사 의사를 알리다

• have no intention of retiring this year
올해에 은퇴할 생각이 없다

• intentionally delay the construction
의도적으로 공사를 지연하다

파생어

intentional **형** 의도적인
intentionally **부** 계획적으로, 고의로

---

advancement

앳**밴**스먼(트)

[ædvǽnsmənt]

명 승진, 발전

기출

• be considered for advancement to management positions
관리직으로 승진이 고려되다

• well-deserved advancement
충분히 받을 만한 승진

• use advanced technology
첨단 기술을 이용하다

파생어

advanced **형** 상급의, 진보한, 첨단의

DAY 12

prepare

프뤼**페**어ㄹ

[pripέər]

동 준비하다, 대비하다

- prepare food
  음식을 만들다

- prepare for one's retirement
  퇴직을 준비하다

- be prepared to give a presentation
  발표할 준비를 하다

- in preparation for the grand opening
  성대한 개장식에 대한 준비[대비]로

파생어

preparation 명 준비, 대비

---

recognize

뤠**컥**나이즈

[rékəgnaiz]

동 인정하다, 표창하다,
알아보다, 인식하다

기출

- be recognized for one's contributions
  공로에 대해 인정 받다

- be recognized by one's colleagues
  동료들에 의해 인정 받다

- recognize Ms. Spencer for winning several contracts
  몇 가지 계약을 따낸 것에 대해 스펜서 씨를 표창하다

- recognize one's voice
  ~의 목소리를 인식하다[알아듣다]

345 ★★

consistently
컨**씨**스턴(틀)리
[kənsístəntli]

부 한결같이, 끊임없이

기출

- be promoted for
one's consistently
excellent[outstanding]
performance
한결같이 훌륭한 성과의 보상으로
승진되다

- be consistently late for work
직장에 계속 지각하다

파생어

consistent **형** 한결같은, 일관된

346 ★★

accomplishment
어**캄**플리쉬먼(트)
[əkámpliʃmənt]

명 성취, 성과

기출

- noteworthy
accomplishments
주목할 만한 성과

- many accomplishments
including winning several
awards
몇 차례 수상 경력을 포함한 많은
업적들

- one of the most
accomplished biographical
authors
가장 뛰어난 자서전 작가들 중 한 명

파생어

accomplish **동** 성취하다, 달성하다
accomplished **형** 자리잡은, 뛰어난

outstanding
아웃스**탠**딩
[autstǽndiŋ]

reception
뤼**쎕**션
[risépʃən]

형 탁월한, 돈보이는, 미지불 상태의

기출

- receive awards for one's outstanding work
  탁월한 업무 처리로 상을 받다

- receive outstanding service
  훌륭한 서비스를 받다

- outstanding balance
  미지불 잔고, 지불해야 할 금액

명 환영식, 접수처, 수신 (상태)

기출

- hold a formal reception
  정식 환영회를 열다

- attend a reception to welcome the new CEO
  신임 최고경영자를 맞이하는 환영식에 참가하다

- at the reception desk
  접수대에서

- poor reception of the cable channel
  케이블 채널의 수신 불량

파생어

receive **동** 받다

349 ⭐

retirement
뤼**타**이어ㄹ먼(트)
[ritáiərmənt]

명 퇴직

기출

- announce one's retirement
  after ten years of service
  10년 간의 근무를 마치고 은퇴를
  발표하다

- give a retirement speech
  퇴임 인사말을 하다

- accept an early retirement
  package
  조기 퇴직 수당을 받다

- to mark one's retirement
  퇴직을 기념하기 위해

파생어

retire **동** 퇴직하다, 은퇴하다

350 ⭐

appoint
어**퍼**인(트)
[əpóint]

동 임명하다, 지정하다

자 신임 영업부장입니다

기출

- appoint a new financial
  manager
  신임 재무부장을 임명하다

- the newly appointed director
  of accounting
  새로 임명된 회계부장

- the recently appointed
  director of the research
  center
  최근 임명된 연구소장

파생어

appointed **형** 임명된, 예정된, 약속된

351 ★

encourage
인**커**뤼쥐
[inkə́:ridʒ]

⑧ 권장하다, 권고하다

기출

- encourage employees to submit suggestions
  직원들에게 제안사항을 제출하도록 권고하다

- be encouraged to apply for the position
  그 직책에 지원하도록 권고되다

- encourage the use of Internet conferencing
  인터넷 회의를 이용하도록 권장하다

파생어

encouragement ⑨ 격려, 권고

352 ★

achievement
어**취**입먼(트)
[ətʃíːvmənt]

⑨ 업적, 달성, 성취

기출

- in recognition of one's outstanding[remarkable] achievements
  뛰어난[놀라운] 업적을 인정하여

- achieve a goal
  목표를 달성하다

파생어

achieve ⑧ 이룩하다, 성취하다

353 ⭐

evaluate
이**뺄**류에잇
[ivǽljueit]

동 평가하다

기출

- evaluate Ms. Monroe as a candidate for the position
  먼로 씨를 그 직책의 후보자로서 평가하다

- evaluate one's performance
  실적을 평가하다

- request a full evaluation of
  ~의 완전한 평가서를 요청하다

파생어

evaluation 명 평가, 평가서

354 ⭐

internal
인**터**ㄹ널
[intə́:rnəl]

형 내부의

기출

- accept internal job applications only
  내부 지원서만 받다

- develop internal communication systems
  내부 의사소통 시스템을 개발하다

- interview candidates for internal promotions
  내부 승진을 위해 후보자들을 면접보다

- hire internally
  내부에서 채용하다

파생어

internally 부 내부적으로

DAY 12

regret
뤼그뤳
[rigrét]

deserve
디저ㄹ브
[dizə́:rv]

⑧ 후회하다, 유감스럽게 생각하다

⑲ 후회, 유감

⑧ ~을 받을 자격이 있다

기출

- deserve a high-quality service
  고품질 서비스를 받을 자격이 있다

- deserve a promotion
  승진할 만하다

- be well-deserved
  마땅히 받을 만하다

- one's much-deserved promotion
  마땅히 받아야 할 승진

기출

- We regret that we are unable to process your order.
  유감스럽게도 귀하의 주문을 처리할 수 없습니다.

- I regret seeing Ms. Monihan leave the company.
  모니한 씨가 회사를 떠나게 되다니 유감입니다.

파생어

regrettably ⑮ 유감스럽게도

name
네임
[neim]

🔵 ~를 직책에 임명하다, 이름을
대다

🔵 이름, 명성

기출

• be named (as) president
회장으로 임명되다

• name A (as) B
A를 B의 직책에 임명하다

• Sally Pickens was named
as the new chairman of
the board after Hank Tiller
resigned from the post.
샐리 피켄즈 씨는 행크 틸러 씨가
자리에서 물러난 후에 새 이사장으로
임명되었다.

outgoing
아웃**고**-잉
[autgóuiŋ]

🔵 나가는, 퇴사하는, 외향적인

기출

• honor outgoing employees
퇴사하는 직원들을 기념하다

• inspect all outgoing
products
밖으로 나가는 모든 제품들을 검사하다

• have an outgoing
personality
외향적 성격을 지니다

DAY 12

top
탑
[tap]

former
뿨ㄹ머ㄹ
[fɔ́ːrmər]

ⓗ 정상의, 최고의
ⓜ 정상, 최고, 상단

ⓗ ~ 출신의, 전직 ~인, 이전의
ⓜ 전자(the)

- Mr. Weaver, the former Chief Executive Officer
  전 CEO 위버 씨

- one's former employer
  이전 고용주

- be restored to its former beauty
  이전의 아름다운 모습을 되찾다

- formerly a residential area
  전에는 주택가였던

formerly ⓟ 전에

🧼 꿀팁 주로 신분/직책 명사 앞에 사용

- a top priority
  최우선 과제

- honor top five sales people
  다섯 명의 최우수 영업사원들에게 상을 주다

- be clearly printed at the top of the form
  서식 상단에 뚜렷이 인쇄되어 있다

- on top of one's workload
  ~의 업무량에 더해서

DAY 11
Daily Practice

☐ 단어와 그에 알맞은 뜻을 연결해 보세요.

1. qualified •   • ⓐ 후보자, 지원자

2. requirement •   • ⓑ 제출하다

3. expertise •   • ⓒ 전문 지식

4. submit •   • ⓓ 필요, 요구 조건, 자격 요건

5. candidate •   • ⓔ 자질 있는, 적격인

☐ 다음 빈칸에 알맞은 단어를 선택하세요.

> ⓐ successful   ⓑ reference   ⓒ qualify
> ⓓ field   ⓔ soon

6. _____ after joining the company 입사한 직후에

7. the most _____ convention so far 역대 가장 성공적인 총회

8. have experience in the _____ 해당 분야에서 경력을 갖고 있다

9. for your _____ 귀하가 참조하실 수 있도록

10. _____ for a discounted ticket 할인 티켓을 받을 자격이 되다

정답 1.e 2.d 3.c 4.b 5.a 6.e 7.a 8.d 9.b 10.c

☐ 단어와 그에 알맞은 뜻을 연결해 보세요.

1. favorably •		• ⓐ 승인하다
2. outstanding •		• ⓑ 임명하다, 지정하다
3. eligible •		• ⓒ 유리하게, 호의적으로
4. approve •		• ⓓ 탁월한, 돋보이는
5. appoint •		• ⓔ 자격이 있는

☐ 다음 빈칸에 알맞은 단어를 선택하세요.

> ⓐ evaluate   ⓑ promotion   ⓒ consistently
> ⓓ position   ⓔ deserve

6. receive a _____ 승진하다

7. hold a _____ for three years 3년간 자리를 유지하다

8. be _____ late for work 직장에 계속 지각하다

9. _____ one's performance 실적을 평가하다

10. _____ a high-quality service 고품질 서비스를 받을 자격이 있다

정답 1. c 2. d 3. e 4. a 5. b 6. b 7. d 8. c 9. a 10. e

| DAY 13 |

정책 / 규정 / 복지 / 교육

identification

observe

permission

specific

strictly

observe VS comply

Observe(준수하다) 타동사이며 뒤에 목적어가 필요
Comply(준수하다) 자동사이며 뒤에 전치사 with가 필요

361 ★★★★★

regularly
뤠귤러ㄹ리
[régjulərli]

부 정기적으로, 규칙적으로

기출

- regularly participate in the training program
  정기적으로 교육훈련 프로그램에 참가하다

- at the next regularly scheduled seminar
  다음 번 정기 세미나에서

- check one's e-mail regularly
  이메일을 정기적으로 확인하다

- back up one's work on a regular basis
  정기적으로 작업물을 저장하다

파생어

regular **형** 정기적인, 규칙적인

362 ★★★

require
뤼콰이어ㄹ
[rikwáiər]

동 요구하다

기출

- be required to submit receipts
  영수증을 제출해야 하다

- be required on the registration form
  등록 양식에 필요하다

- Registration is required for + 사람[행사, 행위]
  ~에게[~하는 데] 등록 절차가 필수이다

파생어

requirement **명** 필수 요건, 자격 요건

363 ★★★

access
액세스
[ǽkses]

364 ★★

confidential
칸쀠덴셜
[kanfidénʃəl]

동 접근하다, 접속하다,
이용하다
명 접근(권한), 접속, 이용

형 기밀의

기출

- access important overseas markets
중요한 해외 시장에 접근하다

- get unlimited access to the database
데이터베이스에 자유롭게 접속하게 되다

- have access to a number of recreation areas
많은 휴양지를 이용할 수 있다

- readily accessible
쉽게 접근 가능한

파생어

accessible 형 접근 가능한, 이용 가능한
inaccessible 형 접근하기 어려운,
접근할 수 없는

🐝 꿀팁 불가산명사

기출

- be kept confidential
기밀로 유지되다

- strictly confidential information
엄격히 기밀을 요하는 정보

- the confidential nature of this information
이 정보의 기밀성

- ensure confidentiality
기밀을 보장하다

파생어

confidentiality 명 기밀성

benefit

베너삣

[bénəfit]

명 혜택, 이득, (급여 이외) 특전
동 혜택[이득]을 얻다[주다]

기출

- additional membership benefits
  추가적인 회원 특전

- expand the employee benefits package
  직원 복리후생을 확대하다

- benefit from the growing local tourism industry
  성장하는 지역 관광사업으로부터 이득을 보다

파생어

beneficial 형 유익한, 이로운

consult

컨썰(트)

[kənsʌ́lt]

동 (사람에) 상담[상의]하다, (자료를) 참조하다

기출

- consult an accountant
  회계사와 상담하다

- consult the user manual
  사용자 설명서를 참조하다

- consult an e-mail dated April 20
  4월 20일자 이메일을 참조하다

- a complimentary health consultation
  무료 건강 상담

파생어

consultation 명 상담, 상의, 참조
consultant 명 컨설턴트, 자문 위원

367 ★★

implement
임플러먼(트)
[ímpləmənt]

368 ★★

grant
그랜(트)
[grǽnt]

동 시행하다

기출

- implement a new plan[policy]
  새로운 계획[정책]을 시행하다

- implement a recycling program
  재활용 프로그램을 시행하다

- will be implemented as planned
  계획대로 시행될 것이다

- the implementation of new emergency evacuation procedures
  새로운 비상 대피 절차의 시행

파생어

implementation 명 시행
implemental 형 도구가 되는, 유용한

동 허용하다, 승인하다
명 보조금

기출

- grant Ms. Higgins a raise
  히긴스 씨에게 급여 인상을 승인하다

- grant employees an additional week of vacation
  직원들에게 1주일의 휴가를 더 허용하다

- the research grant
  연구 보조금

꿀팁 두 개의 목적어를 가지는 수여동사로 주로 사용

369 ★★

permission

퍼ㄹ**미**션

[pərmíʃən]

명 허가

기출

- obtain[get] permission from one's supervisor
  상사로부터 허가를 받다

- have permission to build a parking facility
  주차시설 건축 허가를 받다

- require one's written[prior] permission
  ~의 서면[사전] 허락을 필요로 하다

파생어

permit **명** 허가증 **동** 허가하다, 허락하다

370 ★★

intend

인**텐**(드)

[inténd]

동 의도하다, 작정이다

기출

- intend to open a factory in Vietnam
  베트남에 공장을 열 계획이다

- be intended for new employees
  신입사원들을 대상으로 하다

- be intended to raise money
  기금을 조성하려는 목적이다

- the intended use
  의도된 용도, 사용 목적

파생어

intention **명** 의도, 목적
intentional **형** 의도적인
intentionally **부** 계획적으로, 고의로
intended **형** 의도된

371 ★★

procedure
프뤄**씨**줘ㄹ
[prəsíːdʒər]

명 절차, 과정

기출

- follow the standard
  procedures
  표준 절차를 따르다

- laboratory safety
  procedures
  실험실 안전 절차

- procedures for submitting
  vacation requests
  휴가 신청서를 제출하는 데 필요한 절차

꿀팁 - 절차의 주제 앞에는 전치사 for를
사용

- 앞에 loading(하역),
  security(보안), operating(운영),
  payroll(급여지급) 등의 단어를 붙여
  복합명사로 사용됨

372 ★★

starting
스**타**ㄹ팅
[stáːrtiŋ]

전 ~부터

기출

- starting (at) + 시간
  ~부터

- starting (on) + 요일, 날짜
  ~부터

- starting (in) + 월
  ~월부터

- starting with + 업무 대상
  ~부터

꿀팁 명사에 따라 다른 전치사와
결합하며, 시간 전치사는 생략 가능

strictly

스트**뤽**(틀)리

[stríktli]

부 엄격하게

기출

• comply strictly to safety rules
엄격히 안전 규정을 준수하다

• be strictly forbidden in public areas
공공장소에서 엄격히 금지되다

• be strictly implemented
엄격히 시행되다

• strict guidelines
엄격한 지침

파생어

strict 형 엄격한

behalf

비**해**쁘

[bihǽf]

명 이익, 대리

기출

• attend the conference on behalf of Quinn Taylor
퀸 테일러를 대신해 학회에 참석하다

• be submitted by Gordon Law Office on behalf of the Reynolds Fitness Center
레이놀즈 체육관을 대신해 고든 법률사무소가 제출하다

• I would like to thank you all on behalf of the company.
회사를 대신하여 여러분 모두에게 감사드리고 싶습니다.

꿀팁 주로 숙어 on behalf of(~을 대신해) 형태로 출제

375 ⭐⭐

essential
이**쎈**셜
[isénʃəl]

혱 필수적인, 본질적인

기출

- absolutely essential to the well-being of our employees
  직원 복지에 절대적으로 필요한

- It is essential that절
  ~하는 것이 필수이다

파생어

essence **몡** 본질
essentially **ₚ** 본질적으로

376 ⭐⭐

comply
컴플**라**이
[kəmplái]

됭 준수하다

기출

- comply with international air safety requirements
  국제 항공 안전 규정을 준수하다

- be in full compliance with the health and nutrition guidelines
  보건 영양 지침을 철저히 준수하다

파생어

compliance **몡** 준수

🧼 **꿀팁** comply with(~을 준수하다)의 숙어
형태로만 출제

377 ★★

specific
스삐**씨**쀡
[spisífik]

ⓗ 구체적인, 특정한
ⓝ 세부 정보 (복수)

- provide specific guidelines on
  ~에 대한 구체적인 지침을 제공하다

- without examining the specifics
  세부사항을 검토하지 않고

- be designed specifically for children
  특히 아동용으로 고안되다

파생어

specifically ⓑ 특히

378 ★★

policy
팔러시
[páləsi]

ⓝ 정책, 방침, 보험 증권

기출

- to remind you of a few policies
  몇 가지 정책을 상기시키기 위해

- update the company policy relating to
  ~와 관련한 회사 정책을 갱신하다

- an insurance policy
  보험 증서

🍯 꿀팁 Our policy is to부정사(우리 회사 정책은 ~하는 것이다)라는 구문으로 자주 출제되는데, to부정사 앞에 not을 써서 '우리 회사 정책은 ~하지 않는 것이다'라는 부정 상황을 나타내기도 함

379 ★★

compliance
컴플**라**이언스
[kəmpláiəns]

명 준수

기출

- ensure compliance with new government guidelines
  새로운 정부 지침을 확실히 준수하도록 하다

- in compliance with safety standards
  안전 기준을 준수하여

- in full compliance with company regulations
  회사 규정을 완전히 준수하여

파생어

comply **동** 준수하다

380 ★

observe
업**저**ㄹ(브)
[əbzə́ːrv]

동 준수하다, 관찰하다

기출

- observe all safety regulations
  모든 안전규정을 준수하다

- observe major changes to the policy
  정책의 커다란 변화를 관찰하다

- one's observations on bird behavior
  새의 행태에 대한 관찰

- in observance of the national holidays
  국경일을 준수하여

DAY 13

381 ★

personal
퍼ㄹ서널
[pə́rsənəl]

382 ★

revise
뤼**봐**이즈
[riváiz]

형 개인적인, 사적인

동 수정하다, 개정하다

기출

- personal belongings
  개인 소지품

- for personal reasons
  개인적 사유로

- Keep your personal belongings with you at all times.
  여러분의 개인 소지품을 항상 지니고 다니세요.

- speak with ~ personally
  ~와 직접 이야기하다

- be personally responsible for
  ~에 대해 직접 책임을 지다

파생어

personally 부 개인적으로, 직접

기출

- revise the policy
  정책을 개편하다

- revise the training guidelines
  교육훈련 지침을 개정하다

- a revised edition
  개정판

- turn in one's revised monthly report
  수정된 월례 보고서를 제출하다

파생어

revision 명 수정, 개정
revised 형 수정된, 개정된

guideline
가잇-라인
[gáidlain]

명 지침, 안내

- follow guidelines
  지침을 따르다

- guidelines for **quality control**
  품질 관리에 대한 지침

- **workplace safety** guidelines
  작업장 안전 지침

- **provide specific** guidelines on
  ~에 대한 구체적인 지침을 제공하다

- a new set of guidelines for customer service
  고객서비스에 대한 새로운 지침

identification
아이덴터쀠케이션
[aidentəfikéiʃən]

명 신분 증명(서)

기출

- a valid form of identification
  유효한 신분증

- **present** photo identification
  사진이 부착된 신분증을 제시하다

- in order to identify **your item quickly**
  여러분의 물건을 빨리 찾아낼 수 있도록

- identify **suitable ways**
  적절한 방법을 찾아내다

파생어

identify **동** 찾아내다, 확인하다

DAY 13

385 ★

initially
이**니**셜리
[iníʃəli]

🔵 처음에, 초기에

- initially planned to attend the workshop
  처음에는 워크숍에 참석할 계획이었다

- should initially pay all tuition fees
  처음에 모든 수업료를 지불해야 하다

- as initially proposed
  처음에 제안된 것처럼

initial 🔵 초기의, 처음의

386 ★

individual
인더**뷔**주얼
[indəvídʒuəl]

🔵 개별적인, 개인의
🔵 사람

- individual needs of customers
  고객들의 개별적인 요구

- individual performance
  개인의 성과

- seek talented individuals
  재능 있는 사람들을 찾다

- be individually wrapped
  개별 포장되다

individually 🔵 개별적으로

387 ★

per

퍼ㄹ

[pə(:)r]

전 ~당, ~마다

기출

- one coupon per person
  일인당 한 장의 쿠폰

- attend at least three
  seminars per year
  연중 적어도 3회의 세미나에 참석하다

- 10 hours per month
  월간 10시간

388 ★

enrollment

인**뤄**울먼(트)

[inróulmənt]

명 등록(자 수), 입회

기출

- complete an online
  enrollment form
  온라인 등록 양식을 작성하다

- enrollment in the Advanced
  Sales Strategies classes
  고급 영업 전략 수업의 등록(자 수)

- enroll in a training course
  교육 과정에 등록하다

파생어

enroll **동** 등록하다, 입회하다

knowledgeable

날리줘블

[nálidʒəbl]

statement

스테잇먼(트)

[stéitmənt]

형 총명한, 박식한

다 알아

기출

- very knowledgeable in one's field
  자신의 분야에 있어 매우 박식한

- the most knowledgeable about accounting in the office
  사무실 내에서 회계에 대해 가장 박식한

- a tour led by a knowledgeable guide
  박식한 가이드가 이끄는 여행

파생어

knowledge 명 지식

명 진술, 성명, 내역

기출

- in a statement issued yesterday
  어제 발표된 성명에서

- the company's mission statement
  회사의 강령

- one's billing statement
  대금 청구서

- a financial statement
  재무제표

- as stated in the policy
  정책에 명시된 대로

파생어

state 통 말하다, 진술하다, 명시하다
      명 상태

| DAY 14 |
여행 / 여가

choice

pass

QR코드
단어, 뜻, 기출 예문 음원을
다운로드하실수 있습니다.

performance

renowned

widely

Fee vs Fare

Fee(수수료) 전문가의 서비스에 대해 지불하는 대가
Fare(요금) 교통 서비스에 대해 지불하는 대가

391 ★★★★

additional
어**디**셔널
[ədíʃənəl]

형 추가적인, 여분의

기출

- If you need additional information
  추가 정보가 필요하다면

- take the following additional steps
  다음의 추가 조치를 취하다

- be charged an additional fee for
  ~에 대한 추가 요금이 청구되다

- an additional day of paid vacation
  하루 추가된 유급 휴가

파생어

add 동 추가하다
addition 명 추가 (인원), 추가물
additionally 부 게다가, 추가로

392 ★★★★

pleased
플**리**-즈(드)
[pliːzd]

형 기쁜, 즐거운, 만족하는

기출

- be very pleased to announce that절
  ~라고 발표하게 되어 매우 기쁘다

- be pleased to receive positive reviews
  긍정적 평가를 받아서 기쁘다

- be pleased with the response
  반응에 기뻐하다

파생어

pleasure 명 즐거움
pleasant 형 쾌적한, 즐거운

393 ★★★★

present

ⓢ 프뤼**젠**(트) ⓗ 프뤠즌(트)
[prizént] [préznt]

ⓢ 발표하다, 제시하다, (선물,
상) 증정하다
ⓗ 현재의, 참석한, 현존하는

기출

- be required to present photo
identification
사진이 부착된 신분증을 제시해야 한다

- present one's card at the
entrance
입구에서 카드를 제시하다

- present Mr. Smith with an
award
스미스 씨에게 상을 수여하다

- Mr. Franco Vaccini, the
present chairperson
현 의장인 프랑코 바치니 씨

394 ★★★

performance

퍼ㄹ**뿨**ㄹ먼(스)
[pərfɔ́ːrməns]

ⓜ 성과, 실적, 공연, 성능

기출

- positive sales performance
낙관적인 판매 실적

- the performance of a new
printer
새 프린터의 성능

- outstanding performance
뛰어난 성과

- a performance by three
musicians
3명의 음악가들이 참여한 공연

파생어

perform ⓢ 수행하다, 연주하다

395 ★★★

find

빠인(드)
[faind]

동 발견하다, 알게 되다

- find a way to do
  ~하는 방법을 찾다

- find one's way
  길을 찾다

- find it helpful to do
  ~하는 것이 도움이 된다고 알게 되다

- important findings from the experiment
  중요한 실험 결과

findings 명 발견물, 조사 결과

396 ★★★

total

토우틀
[tóutl]

명 총량, 총액
형 총량의, 총액의

- have attracted a total of 230,000 tourists this year
  올해 총 23만 명의 관광객을 유치했다

- negotiate a 10% discount on the total cost of the new security equipment
  협상을 통해 새로운 보안 설비의 총비용에서 10퍼센트 할인을 끌어내다

- will come back with a totally redesigned appearance
  완전히 새롭게 디자인된 외관을 가지고 다시 돌아올 것이다

totally 부 완전히

widely

와잇(을)리
[wáidli]

🔹 널리, 광범위하게

- travel widely
  널리[여러 곳을] 여행하다

- widely respected
  널리 존경받는

- a wide selection of accessories
  매우 다양한 액세서리들

- a wide variety of dishes
  매우 다양한 요리들

파생어

wide 🔹 넓은, 다양한, 광범위한

---

exhibit

이그**지**빗
[igzíbit]

🔹 전시회, 전시물
🔹 전시하다, 내보이다

기출

- an exhibit of paintings by local artists
  지역 예술가들의 그림 전시회

- purchase tickets for special exhibits
  특별 전시회 입장권을 구매하다

- exhibit a new design for the company logo
  회사 로고의 새 디자인을 선보이다

- be exhibited at the National Museum of Arts
  국립미술관에 전시되다

파생어

exhibition 🔹 전시회

DAY 14

complimentary
캄플러**멘**터뤼
[kampləméntəri]

depart
디**파**ㄹ앗
[dipá:rt]

⑧ 무료의

⑧ 출발하다, 떠나다

기출

- complimentary magazines for passengers
  승객들을 위한 무료 잡지

- offer complimentary tickets to a musical performance
  뮤지컬 공연을 볼 수 있는 무료 티켓을 제공하다

- attach complimentary dinner coupons
  무료 저녁식사 쿠폰을 첨부하다

- have access to complimentary Internet service
  무료 인터넷 서비스를 이용할 수 있다

파생어

compliment ⑲ 칭찬

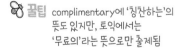 **꿀팁** complimentary에 '칭찬하는'의 뜻도 있지만, 토익에서는 '무료의'라는 뜻으로만 출제됨

기출

- depart from Gate 20
  20번 게이트에서 출발하다

- be scheduled to depart at 11:00 A.M.
  오전 11시에 출발할 예정이다

- the scheduled departure date
  예정 출발일

파생어

departure ⑲ 출발

admission

앳**미**션

[ædmíʃən]

view

뷰-

[vjuː]

명 입장, 입회, 허가, 시인

기출

- receive free admission to
  ~에 무료 입장 허가를 받다

- be considered for admission
  to + 프로그램/단체
  ~로의 입회 자격을 심사받다

파생어

admit **동** 인정하다, 허가하다
admissible **형** 인정되는, 허용되는
admittance **명** 입장

명 견해, 관점, 경관
동 보다, 여기다

기출

- reflect the views of the
  publisher
  출판사의 견해를 반영하다

- rooms with a view of the
  ocean
  바다 경치가 보이는 객실

- view one's account
  자신의 계정을 열람하다

- be viewed as the most
  hardworking employee
  가장 근면한 직원으로 여겨지다

DAY 14

accomplished

어**캄**플리쉬(트)
[əkámpliʃt]

형 뛰어난

- one of the most accomplished authors in the world
  세계에서 가장 뛰어난 작가들 중의 한 사람

- a variety of accomplished musicians
  많은 훌륭한 음악가들

- This month's concert series will feature many of the world's most accomplished musicians.
  이달의 콘서트 시리즈는 전 세계에서 가장 뛰어난 음악가들로 구성될 것이다.

파생어

accomplish **동** ~을 성취하다, 이룩하다
accomplishment **명** 성취, 업적

---

display

디스플**레**이
[displéi]

명 전시, 진열
동 전시하다, 보여주다

기출

- the displays in the Carson Art Gallery
  칼슨 미술관의 전시(품)

- be currently on display
  현재 전시중이다

- display new models in the store window
  신형 모델을 진열장에 전시하다

- a monitor that displays train arrival times
  열차 도착 시간을 보여주는 모니터

405 ★★

exhibition
엑서**비**션
[eksəbíʃən]

명 전시(회), 박람회

기출

- a new exhibition titled "The Nature"
  "The Nature"라는 이름의 새로운 전시회

- attend a recent art exhibition
  최근의 미술 전시회에 참석하다

- the exhibition of the latest mobile technology
  최신 모바일 기술 전시회

파생어

exhibit **동** 전시하다 **명** 전시회, 전시물

406 ★

fee
쀠-
[fiː]

명 요금, 수수료

기출

- charge customers an extra fee
  손님들에게 추가 요금을 청구하다

- the membership fee
  회비

- reduce its fee by 20 percent
  요금을 20퍼센트 내리다

꿀팁 주로 서비스에 대한 가격을 나타냄

407 ★

majority
머**쥐**러티
[mədʒɔ́ːrəti]

명 대다수, 과반수

- the majority of **customers**
대다수의 고객들

- **favored by** the majority
대다수가 선호하는

- **a great majority** of workers
근로자의 절대 다수

- **a major** contract
중대한 계약

파생어

major **형** 주요한, 중대한

408 ★

prefer
프뤼**뿨**ㄹ
[prifə́ːr]

동 선호하다

기출

- prefer to **travel alone**
혼자 여행하는 것을 선호하다

- prefer **tea** to **coffee**
커피보다 차를 선호하다

- indicate a preference for **organic food**
유기농 음식에 대한 선호를 나타내다

- **the** preferred **means of transportation**
선호하는 교통수단

파생어

preference **명** 선호
preferred **형** 선호하는

409 ★

choice
초이스
[tʃɔis]

명 선택, 선택 대상

기출

- offer a choice of **beef** or **chicken**
  소고기 또는 닭고기를 선택하도록 하다

- **the bank** of one's choice
  자신이 선택한 은행

- make an **informed** choice
  정보에 근거한 선택을 내리다

- choose from **a variety of workshops**
  다양한 워크숍들 중에서 선택하다

- choose to **use a shuttle bus**
  셔틀버스를 타기로 결정하다

410 ★

guide
가잇
[gaid]

명 안내서, 안내원
동 안내하다, 인도하다

기출

- a training guide
  교육훈련 안내서

- guide **the team incredibly well**
  팀을 매우 잘 이끌다

- **make a reservation for a** guided **tour**
  안내원 동반 여행을 예약하다

- follow[comply with] **the** guidelines
  지침을 따르다[준수하다]

파생어

guided **형** (가이드에 의해) 안내받는
guideline **명** 지침

DAY 14

pass
패쓰
[pæs]

동 합격하다, 통과하다
명 통행증, 출입증

기출

- **pass** the safety inspection
  안전 검사에 합격하다

- **pass up[miss]** the
  opportunity to get promoted
  승진할 기회를 놓치다

- **present** a boarding pass
  탑승권을 제시하다

- **obtain** a visitor's pass
  방문자 출입증을 받다

destination
데스터네이션
[destənéiʃən]

명 (여행) 목적지, 도착지

기출

- **a popular** tourist destination
  인기 있는 관광지

- **domestic** travel destinations
  국내 관광지

- **the top** vacation destination
  최고의 휴양지

파생어

destined **형** 예정된, 운명의

413 ⭐

multiple
멀터펄
[mʌ́ltəpəl]

형 다수의

기출

- multiple parts
  여러 개의 부품들

- review multiple studies
  다수의 연구를 검토하다

- traveling to multiple
  destinations in Spain
  스페인에서 여러 장소를 여행하기

- work at multiple locations
  다수의 장소에서 일하다

🐚 꿀팁 뒤에 복수명사가 오는 것이 원칙

414 ⭐

renowned
뤼나운(드)
[rináund]

형 저명한, 유명한

기출

- artworks by a renowned
  local painter
  지역의 유명 화가가 만든 예술작품들

- be renowned for scenic
  views
  멋진 전망으로 유명하다

- be renowned as one of the
  leading experts in the field
  of
  ~ 분야를 이끄는 전문가들 중 한 명으로
  유명하다

DAY 14

415 ⭐

annually
애뉴얼리
[ǽnjuəli]

🔹 연례적으로, 해마다

기출

- pay membership fees
  annually or monthly
  회비를 매년 혹은 매월 내다

- attract more than 10,000
  visitors annually
  해마다 만 명이 넘는 방문객을
  끌어들인다

- be updated annually
  해마다 업데이트되다

파생어

annual 🔹 연례적인, 매년의

416 ⭐

itinerary
아이**티**너뤠리
[aitínəreri]

🔹 여행 일정표

기출

- a copy of the travel itinerary
  여행 일정표 사본

- the itinerary for your trip
  귀하의 여행 일정

- make itinerary changes
  여행 일정을 변경하다

- include a detailed itinerary
  상세한 여행 일정을 포함하다

417 ★

refrain
뤼쁘**뤠**인
[rifréin]

418 ★

assurance
어**슈**어뤈스
[əʃúərəns]

동 삼가다, 자제하다

기출

- Please refrain from taking photos inside the museum.
  박물관 내에서는 사진 촬영을 삼가하십시오.

- refrain from using mobile phones while driving
  운전 중에 휴대폰 사용을 삼가다

- We ask that passengers refrain from leaving their seats while the plane is taking off.
  승객 여러분께서는 비행기가 이륙하는 동안 자리를 뜨지 않도록 해주시기 바랍니다.

명 보장, 확신

기출

- give complaining customers one's assurance that절
  불평하는 고객들에게 ~라고 보장해주다

- Please be advised that tickets sold at the gate on the day carry no assurance of a seat.
  당일 입구에서 판매되는 입장권은 좌석을 보장하지 않는다는 점에 유의하시기 바랍니다.

파생어

assure 동 보장하다, 납득시키다

DAY 14

419 ⭐

enjoy
인**쥐**이
[indʒɔ́i]

동 즐기다

기출

- enjoy one's time
  즐거운 시간을 보내다

- enjoy one's visit with + 사람 /
  to + 장소
  ~를 방문하여 즐겁게 보내다

- We hope you enjoy your
  stay with us.
  저희 시설에서 즐거운 시간을 보내길
  바랍니다.

파생어

enjoyable 형 유쾌한, 즐거운

420 ⭐

typically
티피컬리
[típikəli]

부 일반적으로, 보통,
전형적으로

기출

- Tourism typically peaks
  during the summer.
  관광은 보통 여름철에 절정에 이른다.

- typically receive more than
  10 e-mails a day
  보통 하루에 10건이 넘는 이메일을
  받다

- We typically accept
  donations during normal
  business hours.
  우리는 보통 정상 근무 시간에 기부를
  받습니다.

파생어

typical 형 전형적인, 일반적인

◻ 단어와 그에 알맞은 뜻을 연결해 보세요.

1. regularly •

• ⓐ 준수하다

2. implement •

• ⓑ 시행하다

3. grant •

• ⓒ 허용하다, 보조금

4. comply •

• ⓓ 필수적인, 본질적인

5. essential •

• ⓔ 정기적으로, 규칙적으로

◻ 다음 빈칸에 알맞은 단어를 선택하세요.

ⓐ access ⓑ confidential ⓒ compliance
ⓓ consult ⓔ identification

6. have _____ to a number of recreation areas
많은 휴양지를 이용할 수 있다

7. in _____ with safety standards 안전 기준을 준수하여

8. be kept _____ 기밀로 유지되다

9. a valid form of _____ 유효한 신분증

10. _____ the user manual 사용자 설명서를 참조하다

정답 1. e 2. b 3. c 4. a 5. d 6. a 7. c 8. b 9. e 10. d

◻ 단어와 그에 알맞은 뜻을 연결해 보세요.

1. widely •   • ⓐ 무료의

2. complimentary •   • ⓑ 널리, 광범위하게

3. accomplished •   • ⓒ 뛰어난

4. admission •   • ⓓ 여행 일정표

5. itinerary •   • ⓔ 입장, 입회, 허가

◻ 다음 빈칸에 알맞은 단어를 선택하세요.

> ⓐ additional   ⓑ majority   ⓒ performance
> ⓓ prefer   ⓔ depart

6. positive sales _____ 낙관적인 판매 실적

7. _____ from Gate 20 20번 게이트에서 출발하다

8. the _____ of customers 대다수의 고객들

9. _____ tea to coffee 커피보다 차를 선호하다

10. take the following _____ steps 다음의 추가 조치를 취하다

정답 1.b 2.a 3.c 4.e 5.d 6.c 7.e 8.b 9.d 10.a

| DAY 15 |

지역 행사 / 지역 공동체

attract

beneficial

QR코드

단어, 뜻, 기출 예문 음원을
다운로드하실수 있습니다.

local

popular

sufficient

Participate **vs** Attend

Participate(참여하다) 자동사로 뒤에 전치사 필요

Attend(~에 참석하다) 타동사로 뒤에 목적어가 필요

421 ★★★★

attract
어추**뤡**(트)
[ətrǽkt]

동 마음을 끌다, 유인하다

- attract new customers
  신규 고객들을 유치하다

- attract tourists to the area
  관광객들을 지역으로 끌어들이다

- one of the most popular
  tourist attractions in the city
  이 도시에서 가장 인기 있는 관광
  명소들 중 하나

파생어

attractively 부 보기 좋게
attraction 명 매력, 명소

422 ★★★

feature
쀠-춰ㄹ
[fíːtʃər]

동 특집으로 다루다, 특별히
포함하다
명 특색, 특징, 특집

기출

- feature a famous jazz band
  유명 재즈 밴드를 특별히 모시다

- feature a panel of market
  analysts
  시장 분석 위원들을 특별히 모시다

- have more useful features
  than any other brands
  다른 브랜드들보다 유용한 특징들을 더
  많이 갖고 있다

otherwise
어더ㄹ와이즈
[ʌ́ðərwaiz]

부 다른 식으로, 그렇지 않다면

기출

- suggest[indicate] otherwise
  달리 시사하다[보여주다]

- unless otherwise indicated
  다르게 명시되어 있지 않다면

- Feedback from customers
  suggests otherwise.
  고객들의 의견은 그렇지 않음을
  시사하고 있다.

- Please return the book by
  September 5. Otherwise,
  you'll be charged a late fee.
  9월 5일까지 도서를 반납하세요.
  그렇지 않으면, 연체료가 부과될
  것입니다.

꿀팁 앞에 하나의 방법을 제시한 뒤에
'또 다른 방법으로(in another way),
다르게(differently)'라는 의미로
사용되는 부사

주로 동사 indicate(나타내다),
state(명시하다), instruct
(지시하다), note(언급하다) 등의
동사와 사용됨

beneficial
베너쀠셜
[benəfíʃəl]

형 유익한, 이로운

기출

- beneficial in several ways
  여러 면에서 이로운

- beneficial to the
  environment
  환경에 이로운

- have a beneficial effect
  이로운 효과가 있다

- a mutually beneficial
  relationship
  상호 이로운 관계

파생어

benefit **명** 이득 **동** 이득을 얻다
beneficially **부** 유익하게

DAY 15

contribution
칸추뤄**뷰**션
[kantrəbjúːʃən]

명 기여, 공헌, 기부, 기부금

기출

· make a contribution to
~에 기여하다, 기부하다

· the outstanding[significant] contributions to
~에게 보내는 상당한 기부

· a sizable contribution
상당한 액수의 기부

· generous contributions
후한 기부

파생어

contribute **동** 기부하다, 기고하다
contributing **형** 기부하는, 기여하는
contributor **명** 기부자, 기고가

later
레이터ㄹ
[léitər]

부 ~후에, 나중에
형 나중의

기출

· be postponed until later this week
이번 주 후반으로 연기되다

· will be announced at a later time
나중에 발표될 것이다

· reschedule the meeting for a later time
회의를 나중으로 다시 잡다

· use the latest technology
최신 기술을 사용하다

파생어

late **형** 늦은, 후반의 **부** 늦게, 후반에
lately **부** 최근에
latest **형** 최신의

427 ★★★

enthusiasm
인**쑤**지애즘
[inθúːziæzm]

명 열정, 열광

- greet guests with enthusiasm
  열정적으로 손님들을 맞이하다

- one's enthusiasm for electronic devices
  전자기기에 대한 열정

- There is noticeable[apparent] enthusiasm among fans.
  팬들의 열정이 돋보인다.

- enthusiastically announce the launch of a new service
  새로운 서비스 출시를 즐겁게 발표하다

enthusiastic 형 열정적인
enthusiastically 부 열정적으로
enthusiast 명 애호가, 열성가

428 ★★

popular
파퓰러ㄹ
[pápjulər]

형 인기 있는, 대중적인

- make this year's event the most popular ever
  올해의 행사를 역대 최고로 인기 있는 것으로 만들다

- popular among young tourists
  젊은 관광객들 사이에 인기 있는

- extremely popular
  매우 인기 있는

- gain popularity
  인기를 얻다

popularity 명 인기

DAY 15

429 ★★

event
이**붼**(트)
[ivént]

명 경우, 행사, 사건

기출

- **prior to** the event
  행사 전에

- in the event that절
  ~하는 경우에

- in the event of
  ~하는 경우에

- **The** event begins at + 시간 /
  on + 날짜.
  행사는 ~에 시작한다.

- **organize local** events
  지역 행사들을 준비하다

파생어

eventual **형** 최종적인
eventually **부** 최종적으로, 결국

430 ★★

instead
인스**텟**
[instéd]

부 대신에

기출

- **choose** instead **to focus on**
  ~
  대신 ~에 집중하기로 하다

- **take place next Monday**
  instead of **this Friday**
  이번 주 금요일 대신 다음 주 월요일에
  거행되다

- **wait for e-mail reports**
  instead of **visiting branch**
  offices
  지사를 방문하는 대신 이메일 보고서를
  기다리다

254   시원스쿨 처음토익 기출 VOCA

431 ⭐⭐

sufficient
써**쀠**션(트)
[səfíʃənt]

432 ⭐⭐

participate
파르**티**서페잇
[pɑːrtísəpeit]

형 충분한

기출

- need a sufficient supply of paper
  충분한 종이 공급이 필요하다

- sufficient funds for the project
  프로젝트에 충분한 자금

- gather sufficient information to answer questions
  질문에 답할 충분한 정보를 모으다

파생어

sufficiently **부** 충분히

동 참여하다, 참석하다

기출

- participate in the program[event]
  프로그램[이벤트]에 참여하다

- The number of participants is limited to 30.
  참가자 수는 30명으로 제한된다.

파생어

participating **형** 참가하는
participation **명** 참가
participant **명** 참가자

🍯**꿀팁** 품사 자리와 어휘 문제로 모두
출제되지만, 둘 다 빈칸 뒤의 전치사
in을 보고 답을 고르는 유형

433 ★★

postpone
포우스트**포**운
[poustpóun]

434 ★★

ceremony
쎄러모우니
[sérəmouni]

동 연기하다

명 기념식

기출

- hold a ceremony
  기념식을 열다

- attend the annual awards
  ceremony
  연례 시상식에 참여하다

- the opening ceremony for
  the new concert hall
  새 콘서트홀 개관식

기출

- be postponed until next
  Friday
  다음 금요일로 연기되다

- postpone the event
  indefinitely
  행사를 무기한으로 연기하다

435 ★★

organize
어ㄹ거나이즈
[ɔ́ːrgənaiz]

⑧ 조직하다, 준비하다

기출

- organize a charity event
  자선 행사를 준비하다

- organize an agenda for the staff meeting
  직원회의 안건을 정리하다

- an organization dedicated to revitalizing local business
  지역 경제 활성화에 전념하는 단체

파생어

organization ⑱ 조직, 단체
organizational ⑲ 조직의

436 ★★

invitation
인뷔테이션
[invitéiʃən]

⑲ 초대

기출

- invitations to the awards banquet
  시상식 연회 초대장

- invitations to the workshop
  워크숍 초대장

- receive an invitation to attend the opening ceremony
  개업식에 참석하도록 초대장을 받다

파생어

invite ⑧ 초대하다

series
씨뤼-즈
[síriːz]

⟨명⟩ 연속, 일련

기출

- host a series of celebrity lectures
  일련의 명사 초청 강연을 주최하다

- an annual series of concert tours
  일련의 연중 순회 콘서트

- part of a series
  연속물의 일부

🍯 **꿀팁** 주로 a series of(일련의)라는 뜻의
숙어 형태로 출제

celebrate
셀러브뤠잇
[séləbreit]

⟨동⟩ 축하하다, 기념하다

기출

- celebrate the 20th anniversary
  20주년을 기념하다

- celebrate the opening of
  ~의 개장을 축하하다

- celebrate the final day of the CEO
  최고경영자의 마지막 근무를 기념하다

파생어

celebratory ⟨형⟩ 축하하는, 기념하는
celebrated ⟨형⟩ 유명한

439 ★★

occasion
어케이전
[əkéizən]

명 경우, 특별한 일, 기회

- mark an important occasion
  중요한 사건을 기념하다

- on a special occasion
  특별한 경우에

- except for occasional heavy snow
  간혹 폭설이 내리는 것만 빼면

- occasionally lower the prices of the mobile devices
  가끔 모바일 기기의 가격을 낮추다

occasional **형** 가끔의
occasionally **부** 가끔, 때때로

440 ★★

enthusiastic
인쑤지애스틱
[inθu:ziǽstik]

형 열정적인

- expresses its deep appreciation for the city's enthusiastic support
  시의 전폭적인 지원에 깊은 감사를 표하다

- be pleased with the enthusiastic volunteers
  열성적으로 참여해준 자원봉사자들에 대해 흡족해하다

- enthusiastically applauded
  열렬히 환호했다

enthusiasm **명** 열정, 열광
enthusiastically **부** 열정적으로

DAY 15

441 ★★

proximity
프**롹씨**머티
[praksímǝti]

명 인접(성), 근접

- because of its proximity to major local hotels
  지역 주요 호텔들과의 인접성 때문에

- because of its proximity to the convention center
  컨벤션 센터와의 인접성 때문에

- The proximity of the James Moore Convention Center to the local airport makes it the best venue for international conferences.
  공항과의 인접성이 제임스 무어 총회장을 최고의 국제 회의 장소로 만들어 준다.

442 ★

local
로우컬
[lóukǝl]

형 지역의, 현지의

- use grains only from local farms
  현지 농장에서 재배한 곡물만 사용하다

- be essential to the local economy
  지역 경제에 필수적이다

- complaints from local residents
  지역 주민들의 불만

attention
어**텐**션
[əténʃən]

expire
익스**파**이어ㄹ
[ikspáiər]

명 주의, 집중, 관심

동 (기한이) 만료되다

기출

- any issues requiring the supervisor's immediate attention
  상사의 즉각적인 관심이 필요한 문제들

- Attention to detail is required in this project.
  이번 프로젝트에서는 세부사항에 대한 주의가 필요하다.

- pay attention to
  ~에 주목하다

- draw attention to
  관심을 ~로 돌리다

파생어

attentive **형** 주의 기울이는, 배려하는
attentively **부** 주의 깊게

기출

- The warranty will expire on + 날짜 / in + 월
  품질보증이 ~에 만료된다

- Your credit card has expired.
  귀하의 신용카드가 만료되었습니다.

- The special offer expires at the end of the month.
  이 특판 행사는 이달 말에 종료됩니다.

파생어

expiration **명** 만료, 만기

DAY 15

445 ⭐

celebration
쎌러브**뤠**이션
[seləbréiʃən]

ⓔ 축하, 기념, 축하[기념]행사

기출

- be invited to Mr. MacVeigh's retirement celebration
  맥베이 씨의 퇴임 기념행사에 초대되다

- host a celebration to honor + 사람
  ~의 공을 치하하기 위해 기념행사를 열다

- in celebration of the 10th anniversary of the music festival
  뮤직 페스티벌 10주년을 기념하여

파생어

celebrate ⓥ 축하하다, 기념하다
celebrated ⓐ 유명한

446 ⭐

await
어**웨**잇
[əwéit]

ⓥ 기다리다

기출

- Ten miles of beach trails, scores of beautiful islands and fantastic rocks and stones await you at the Blue Sea Park.
  10마일의 해변 산책로와 수십 개의 아름다운 섬들, 그리고 기암괴석들이 블루 해상공원에서 여러분을 기다리고 있습니다.

- the eagerly awaited opening of the community fitness center
  간절히 기다리던 주민헬스센터의 개장

파생어

awaited ⓐ 기대한

 꿀팁 동사 await는 타동사로 뒤에 목적어가 바로 와야 하므로 명사를 수식할 때는, long-awaited(오래 기다린)처럼 과거분사 형태로 사용됨
같은 의미의 자동사로 wait for, long for 등이 있음

scenic
씨닉
[síːnik]

intent
인**텐**(트)
[intént]

® 경치가 좋은

® 의도, 고의
® 집중한

기출

- announce one's intent to open a new retail location
  소매점 한 곳을 신설할 의도를 밝히다

- be intent on building a lasting partnership with local vendors
  지역 상인들과 지속적인 협력관계를 구축하는 데 집중하고 있다

파생어

intently ® 집중하여, 열심히

🐝 **꿀팁** 명사일 때는 뒤에 to부정사가 사용되며 형용사일 때는 뒤에 전치사 on이 사용됨

기출

- a scenic coastal city
  경치가 좋은 해안 도시

- join a scenic bicycle tour
  경치가 좋은 자전거 여행에 참가하다

- offer a scenic river cruise
  경치가 멋진 강에서 유람선 여행을 제공하다

파생어

scenery ® 경치

DAY 15

449 ★

redeem
뤼**디**임
[ridíːm]

图 (쿠폰을) 상품과 바꾸다,
(저당물을) 되찾다, (채무를)
변제하다

기출

- Coupons may be redeemed
for their full value.
쿠폰은 액면가 전액을 사용하실 수
있습니다.

- can be redeemed to
purchase any items under
$50
50달러 미만의 어떤 상품과도 교환할
수 있다

- redeemable at any of our
store locations
우리 매장 어느 곳에서든 상품과 교환할
수 있는

파생어

redeemable 图 상품과 바꿀 수 있는

450 ★

consist
컨**씨**스트
[kənsíst]

图 구성되다

기출

- consist of more than 25
local businesses and
organizations
25개 이상의 지역 기업과 단체들로
구성되다

- the panel consisting of
business and community
leaders
기업과 지역사회 지도자들로 구성된
위원회

🪙 **꿀팁** 자동사이므로 뒤에 of 필요

| DAY 16 |
재무 / 회계 / 투자

closely

complicated

QR코드
단어, 뜻, 기출 예문 음원을
다운로드하실수 있습니다.

costly

possible

surplus

Lower **vs** Shorten

Lower(낮추다) 가격 또는 비용처럼 '오르내리는' 속성의 명사를 목적어로 가짐
Shorten(단축하다) 시간처럼 '길이' 개념의 명사를 목적어로 가짐

451 ★★★★

increase

⑱ **인**크뤼스 ⑧ 인크**뤼**스

[ínkriːs]   [inkríːs]

⑱ 상승, 인상
⑧ 상승하다, 인상하다

기출

- a significant increase in sales
  상당한 매출의 증가

- due to an increase in the demand for
  ~에 대한 수요 상승으로 인해

- lower cost and increase productivity
  비용을 낮추고 생산량을 늘리다

파생어

increasing ⑱ 증가하는
increased ⑱ 증가된

452 ★★★

increasingly

인크**뤼**싱리

[inkríːsiŋli]

⑨ 점점 더, 점진적으로

기출

- become increasingly concerned about
  ~에 대해 점점 더 우려하게 되다

- became increasingly time-consuming
  점점 시간 소모가 크게 되었다

- become an increasingly popular venue for
  점점 ~의 장소로 인기를 얻다

- due to increased demand for
  ~에 대해 증가한 수요로 인해

파생어

increasing ⑱ 증가하는
increased ⑱ 증가된

453 ★★★

refund

명 **뤼**뿬(드) 동 **뤼**뻔드
[rí:fʌnd]   [rifʌ́nd]

명 환불
동 환불해주다

- have all charges refunded
  모든 요금을 환불받다

- for a full refund
  전액 환불을 받으려면

- receive a refund
  환불을 받다

- do not offer refunds on sale items
  할인 상품은 환불되지 않다

파생어

refundable 형 환불 가능한

454 ★★★

charge

촤ㄹ쥐
[tʃɑːrdʒ]

명 (청구된) 요금, 책임
동 (요금) 청구하다

기출

- have a charge of $100 on one's account
  계정에 100달러의 청구 요금이 있다

- for an additional charge
  추가 요금을 내고

- at no extra[additional] charge
  추가 요금 없이

- in charge of the project
  프로젝트의 책임을 맡은

- charge fees for all vehicles
  모든 차량에 대해 요금을 청구하다

455 ★★★

effective
이**뻭**팁
[iféktiv]

⬤ 효과적인, 효력을 발생하는,
시행되는

기출

- highly effective measures to
reduce costs
비용을 줄일 매우 효과적인 조치들

- become effective starting
next month
다음 달부터 효력이 발생하다

- have a beneficial effect on
~에 이로운 영향을 끼치다

- take effect next month
다음 달에 효력을 발생하다

파생어

effect ⬤ 영향

456 ★★★

estimate
⬤ 에스터메잇 ⬤ 에스터멋
[éstəmeit]   [éstəmət]

⬤ 추산하다, 추정하다
⬤ 견적(서), 추산

기출

- estimate the number of
participants to be about
5,000
참가자 수를 약 5천 명으로 추산하다

- a timely estimate of the cost
of their service
서비스 비용에 대한 신속한 견적

- request estimates from
several contractors
몇몇 계약자들에게 견적서를 요청하다

- estimated value
추정 가치

파생어

estimated ⬤ 추정된, 견적의

457 ★★★

extensive
익스**텐**십
[iksténsiv]

458 ★★

financially
빠이**낸**셜리
[fainǽnʃəli]

형 폭넓은, 대규모의

부 재정적으로

기출

- **do well** financially
  재정적으로 운영을 잘 하다

- financially **sound**
  재정적으로 건전한

- financially **cautious**
  재정적으로 신중한

- **describe the company's**
  financial **conditions**
  회사의 재정 상태를 설명하다

파생어

finance **통** 자금을 조달하다
명 재정, 금융
financial **형** 재정의, 금융의

기출

- **do** extensive **research for**
  the project
  프로젝트를 위해 폭넓은 조사를 하다

- **receive** extensive **financial**
  support
  대규모 재정 지원을 받다

- **have an** extensive
  experience
  폭넓은 경험을 지니다

- **travel** extensively
  널리 여행을 다니다

파생어

extensively **부** 널리, 광범하게

DAY 16

record

명 **뤠**커ㄹ드 동 뤼**커**ㄹ드
[rékərd]   [rikɔ́ːrd]

명 기록
동 기록하다

기출

- update the sales records
  매출 기록을 업데이트하다

- keep records of all expenses
  모든 비용 내역을 기록하다

- recorded one's highest
  profits this quarter
  이번 분기에 가장 높은 이익을 기록했다

- record one's working hours
  근무 시간을 기록하다

payment

페이먼(트)
[péimənt]

명 지불, 지불금

기출

- avoid delays in payment
  지불 연체를 피하다

- until full payment is received
  완전한 지불금이 납입될 때까지

- make (a) payment to
  ~에게 지불하다

- be given substantial pay
  raises
  상당한 급여 인상을 받다

파생어

pay 동 지불하다 명 급여

461 ★★

closely
클**로**우슬리
[klóusli]

(부) 면밀하게, 꼼꼼하게, 밀접하게, 긴밀하게

- monitor the budget as closely as possible
  예산을 가능한 한 면밀하게 관찰하다

- closely monitored
  면밀하게 관찰되는

- closely related
  밀접하게 연관된

- work closely with
  ~와 긴밀하게 일하다

462 ★★

reduce
뤼**듀**쓰
[ridjúːs]

(동) 줄이다, 낮추다

- reduce expenses by limiting international trips
  해외 출장을 제한함으로써 비용을 줄이다

- reduce energy costs
  에너지 비용을 줄이다

- reduce waste by 40 percent
  쓰레기를 40퍼센트 줄이다

reduced **(형)** 감소한, 줄인
reduction **(명)** 감소, 삭감

DAY 16

463 ★★

anticipate
앤**티**서페잇
[æntísəpeit]

동 예상하다, 기대하다

기출

- **earlier than** anticipated
  예상보다 더 빨리

- **lower than** anticipated
  예상보다 더 낮은

- anticipate that **the sales will increase significantly**
  판매량이 상당히 증가할 것으로 예상하다

- anticipate **significant revenue increases**
  상당한 수입 증가를 예상하다

파생어

anticipation 명 예상, 기대

464 ★★

expense
익스**펜**스
[ikspéns]

명 비용, 지출

기출

- **incur** expenses
  비용을 발생시키다

- **in an effort to** reduce expenses
  비용을 줄이기 위한 노력으로

- **worth the** expense
  비용을 들일 가치가 있는

- **outstanding** expenses
  미납 비용

- **additional** expenses
  추가 비용

465 ★★

assistance
어**씨**스턴스
[əsístəns]

명 도움, 원조

- give financial assistance to first-time home buyers
  처음 주택을 구매하는 사람들에게 재정 지원을 하다

- provide technical assistance by phone
  전화로 기술 지원을 제공하다

- if you need assistance with heavy luggage
  무거운 짐에 대해 도움이 필요하다면

파생어

assist **동** 도움이 되다
assistant **명** 조수, 보조

🍯 꿀팁 assistance는 행위를 나타내는 불가산명사이고 assistant는 사람을 나타내는 가산명사

466 ★★

exceed
익**씨**-잇
[iksíːd]

동 (한도를) 초과하다, (양을) 넘다

기출

- exceed the yearly sales targets
  연간 매출 목표치를 초과하다

- exceed one's expectations
  기대치를 넘어서다

- exceed the performance of more expensive ones
  더 비싼 모델의 성능을 능가하다

파생어

exceedingly **부** 극도로

DAY 16

investment

인**뷔**스트먼(트)
[invéstmənt]

명 투자

- make **profitable** investments
  이윤이 남는 투자를 하다

- the **initial** investment **in** real estate
  부동산에 들인 초기 투자금

- increase investments **in** solar energy companies
  태양 에너지 회사들에 대한 투자를 늘리다

파생어

invest **동** 투자하다
investor **명** 투자자

---

attribute

어트**뤼**븟
[ətríbjuːt]

동 원인을 찾다, 탓으로 돌리다

기출

- attribute the disappointing results **to** the low budget
  실망스러운 결과의 원인을 낮은 예산으로 돌리다

- attribute the company's success **to** the new CEO's leadership
  회사 성공을 신임 최고경영자의 지도력 덕분으로 돌리다

- be attributed **to** fierce competition
  치열한 경쟁 탓으로 돌려지다

reasonably
뤼이저너블리
[ríːzənəbli]

🔵 합리적으로, 적절하게

- **provide** reasonably **priced items**
  적절한 가격이 매겨진 제품을 판매하다

- **at** reasonable **prices**
  적절한 가격에

- **a** reasonable **amount of time**
  적절한 양의 시간

파생어

reasonable 🔵 합리적인, 적절한

🔵 **꿀팁** 주로 가격(price)이나
수량(amount)이 적절한 수준임을
나타냄

---

budget
버쥣
[bʌ́dʒit]

🔵 예산
🔵 예산을 세우다

기출

- **the proposed** budget **for the new equipment**
  새로운 장비를 구입하기 위한 예산안

- **operate on a limited** budget
  한정된 예산으로 운영하다

- **within (the limits of our)** budget
  예산 한도 내에서

파생어

budgetary 🔵 예산의

DAY 16

471 ★

cost
커쓧
[kɔːst]

❸ 가격, 비용
❸ (비용이) ~만큼 들다

기출

- given increasing fuel costs
증가하는 연료비를 고려할 때

- to reduce (operating) costs
(운영)비용을 줄이기 위하여

- the cost of proposed
construction
제안된 공사 비용

- cost under $100
100달러 미만의 비용이 들다

파생어

costly ❸ 비용이 많이 드는, 대가가 큰

472 ★

possible
파서블
[pásəbl]

❸ 가능한

기출

- analyze possible risks
발생 가능한 위험을 분석하다

- as promptly as possible
가능한 한 신속하게

- as soon as possible
가능한 빨리

- be made possible
~이 가능하게 되다

파생어

possibility ❸ 가능성
possibly ❸ 아마도

costly
커쓫-리
[kɔ́:stli]

형 비용이 많이 드는

기출

- protect your equipment
from costly damage
비용이 많이 드는 손상으로부터 설비를
보호하다

- costly medicines
값비싼 약

- costly breakdowns
비용이 많이 드는 고장

figure
쀠규어ㄹ
[fíɡjər]

명 수치, 인물
동 생각하다

기출

- monthly sales figures
월별 매출 수치

- This figure covers expenses
for
이 수치[액수]에는 ~의 비용이
포함된다

- leading figures in the field
그 분야의 주요 인물들

🍯 **꿀팁** 앞에 sales(매출), revenue(수입),
spending(지출) 등의 명사가
결합하여 복합명사를 이룸

DAY 16

475 ⭐

boost
부-슷(트)
[buːst]

명 증가
동 증가시키다

기출

- announce a boost in sales
  매출 증가를 발표하다

- boost the corporate image
  회사의 이미지를 향상시키다

- will boost our revenue next year
  내년에 우리의 수입을 증가시킬 것이다

476 ⭐

complicated
캄플러케이팃
[kámpləkeitid]

형 복잡한, 난해한

기출

- the complicated corporate tax regulations
  복잡한 법인세 규제

- be overly complicated
  지나치게 복잡하다

- resolve complicated issues
  복잡한 문제들을 해결하다

accurate

애큐릿

[ǽkjurit]

형 정확한

- an accurate description of
  the problem
  문제의 정확한 설명

- respond with accurate
  information
  정확한 정보를 가지고 대응하다

- enter sales data accurately
  매출 자료를 정확하게 입력하다

- be accurately estimated
  정확하게 추산되다

파생어

accuracy 명 정확도
accurately 부 정확하게

🐝 꿀팁 부사(accurately)는 동사의 앞 또는
목적어의 뒤에 올 수 있는데
토익에서는 주로 동사의 앞에
위치하도록 출제

---

478 ★

lower

로우어ㄹ

[lóuər]

동 낮추다, 줄이다

기출

- find ways to lower our
  electricity costs
  전기 요금을 줄일 방도를 찾다

- lower production costs and
  increase productivity
  생산 비용을 줄이고 생산성을 높이다

- lower the fuel consumption
  연료 소비를 줄이다

🐝 꿀팁 명사 앞의 빈칸에서 형용사
low(낮은)의 비교급과 동사
lower(낮추다)가 고르게 출제

DAY 16

surplus

써ㄹ플러스

[sə́ːrpləs]

명 과잉, 흑자
형 초과하는, 잉여의

기출

- show a budget surplus
  예산 흑자를 보이다

- surplus grain
  남는 곡식

- have a surplus of fund
  여분의 자금이 있다

economical

에커**나**미컬

[ekənámikəl]

형 경제적인, 실속 있는

기출

- the fastest and most economical way to travel
  가장 빠르고 경제적인 여행 수단

- more economical use of office space
  좀 더 경제적인 사무공간 활용

- run the most economical ad campaign
  가장 경제적인 광고 캠페인을 펼치다

- both environmentally safe, and economically beneficial
  환경적으로 안전하면서도 경제적으로도 유익한

파생어

economic **형** 경제의
economically **부** 경제적으로

☐ 단어와 그에 알맞은 뜻을 연결해 보세요.

1. beneficial •   • ⓐ 연기하다

2. organize •   • ⓑ 조직하다, 준비하다

3. postpone •   • ⓒ 지역의, 현지의

4. local •   • ⓓ 유익한, 이로운

5. expire •   • ⓔ (기한이) 만료되다

☐ 다음 빈칸에 알맞은 단어를 선택하세요.

ⓐ contribution   ⓑ attract   ⓒ feature
ⓓ series   ⓔ occasion

6. make a _____ to ~에 기여하다, 기부하다

7. an annual _____ of concert tours 일련의 연중 순회 콘서트

8. _____ new customers 신규 고객들을 유치하다

9. on a special _____ 특별한 경우에

10. _____ a famous jazz band 유명 재즈 밴드를 특별히 모시다

정답 1. d 2. b 3. a 4. c 5. e 6. a 7. d 8. b 9. e 10. c

◻ 단어와 그에 알맞은 뜻을 연결해 보세요.

1. assistance •　　　• ⓐ 경제적인

2. costly •　　　• ⓑ 도움, 원조

3. anticipate •　　　• ⓒ 예상하다, 기대하다

4. economical •　　　• ⓓ 비용이 많이 드는

5. reasonably •　　　• ⓔ 합리적으로

◻ 다음 빈칸에 알맞은 단어를 선택하세요.

> ⓐ exceed　　ⓑ extensive　　ⓒ increase
> ⓓ effective　　ⓔ charge

6. become _____ starting next month 다음 달부터 효력이
발생하다

7. for an additional _____ 추가 요금을 내고

8. _____ one's expectations 기대치를 넘어서다

9. receive _____ financial support 대규모 재정 지원을 받다

10. a significant _____ in sales 상당한 매출의 증가

정답 1. b 2. d 3. c 4. a 5. e 6. d 7. e 8. a 9. b 10. c

| DAY 17 |

경기 / 사업

anniversary

predict

saving

steady

support

Potential **vs** Capable

Potential(잠재적인) 존재하거나 발생할 가능성이 있음
Capable(가능한) 행위를 실행할 능력을 가지고 있음

481 ★★★★★

include

인클**루**-(드)

[inklú:d]

⑤ 포함하다

기출

• include A in B
  A를 B 안에 포함시키다

• Included will be + 주어
  ~가 포함될 것이다

• include one's account
  number
  계좌번호를 포함시키다

파생어

including ⑳ ~을 포함하여
inclusive ⑱ 포함된, 포괄적인

482 ★★★★★

due

듀-

[dju:]

⑱ 기한이 만료되는

기출

• be due two weeks from the
  checkout date
  대출일로부터 2주 후가 반납일이다

• be due back to
  ~로 반환되어야 하다

• due to a scheduled fire
  inspection
  예정된 소방 점검으로 인해

• due to increased product
  demand
  증가한 제품 수요로 인해

파생어

due to ⑳ ~로 인해

483 ★★★

rather
뢔더ㄹ
[rǽðər]

부 다소, 꽤, 차라리

- rather slow in the second
  quarter
  2분기에 다소 둔화된

- would rather wait until then
  차라리 그때까지 기다리다

- target new markets rather
  than downsizing
  구조조정을 하기보다 새 시장을
  개척하다

- start today rather than next
  week
  다음 주보다는 차라리 오늘 시작하다

484 ★★★

application
애플리**케**이션
[æplikéiʃən]

명 신청(서), 지원(서), 적용,
응용

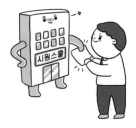

- an application for a bank
  loan
  은행 대출 신청(서)

- a completed application
  작성이 완료된 지원서

- with little application
  to everyday corporate
  activities
  일상적인 기업 활동에 거의 적용되지
  않는

DAY 17

485 ★★

support
써**포**ㄹ웃(트)
[səpóːrt]

몡 지원, 지지, 도움, 후원
동 지원하다, 지지하다,
   후원하다, 뒷받침하다

기출

- **thanks to your** continued
  support
  여러분의 지속적인 성원 덕분에

- **call for** technical support
  기술 지원을 요청하다

- support **the nationwide**
  effort to save our economy
  경제를 살리기 위한 전국적 노력을
  지지하다

486 ★★

accordingly
어**커**ㄹ딩리
[əkɔ́ːrdiŋli]

부 그에 따라, 따라서, 그러므로

기출

- **be** adjusted accordingly
  그에 따라 조정되다

- plan **the menu** accordingly
  그에 따라 메뉴를 기획하다

- **Incentives will be** awarded
  accordingly.
  그에 따라 장려금이 지급될 것이다.

- **Your application has been**
  approved. Accordingly,
  $1000 will be deposited into
  your bank account.
  귀하의 신청이 승인되었습니다. 따라서
  1천 달러가 계좌로 입금될 것입니다.

파생어

according to 전 ~에 따르면, ~에 따라

487 ★★

growth
그뤄-쓰
[grouθ]

명 성장

- anticipate a 10% growth this quarter
  이번 분기 10% 성장을 예상하다

- tremendous growth in tourism
  관광업의 엄청난 성장

- the growing number of international flights
  늘어나는 국제선 항공편

grow **동** 성장하다, 증가하다
growing **형** 성장하는, 증가하는

---

488 ★★

significant
식-니쀠컨(트)
[signífikənt]

형 중요한, 상당한

- gain a significant share of the electronics market
  전자제품 시장에서 상당한 점유율을 차지하다

- make a significant contribution to
  ~에 상당한 기여를 하다

- experience significant growth
  엄청난 성장을 경험하다

signify **동** 의미하다, 나타내다
significantly **부** 상당히
significance **명** 중요성

DAY 17

considerably
컨**씨**더러블리
[kənsídərəbli]

🔵부 상당히

기출

- increase considerably
  상당히 상승하다

- considerably more detailed
  than the original
  원본보다 훨씬 더 상세한

- a considerable amount of
  money
  상당한 액수의 돈

파생어

considerable 🔵명 상당한

expansion
익스**팬**션
[ikspǽnʃən]

🔵명 확대, 확장

기출

- expansion into overseas
  markets
  해외 시장으로의 확장

- be needed for the building
  expansion project
  건물 확장 공사에 필요하다

- with the expansion into the
  European market
  유럽 시장으로 사업을 확장하면서

파생어

expand 🔵동 확대되다, 확장시키다

491 ★★

expand
익스**팬**(드)
[ikspǽnd]

동 확대되다, 확장시키다

기출

- expand rapidly
  빠르게 확장하다

- expand one's business into
  African markets
  사업을 아프리카 시장으로 확대하다

- expand one's customer
  base across the nation
  고객층을 전국으로 확장하다

- greatly expand one's
  production capacities
  생산력을 크게 확대하다

파생어

expansion 명 확대, 확장

492 ★★

competition
캄퍼**티**션
[kampətíʃən]

명 경쟁, 대회

기출

- amid rising[increasing]
  competition
  늘어나는 경쟁 속에서

- despite strong competition
  in the market
  시장의 치열한 경쟁에도 불구하고

- the cooking competition
  요리 경연대회

- compete for new customers
  신규 고객들을 두고 경쟁하다

파생어

compete 동 경쟁하다

493 ★★

transfer
추랜스**뿨**ㄹ
[trǽnsfɜ́ːr]

ⓞ (교통을) 갈아타다, (직장을) 전근하다, 옮기다
ⓜ 환승, 전근, 이동

기출

- transfer to the Beijing office
  베이징 사무소로 전근하다

- transfer funds to another account
  자금을 다른 계좌로 이체하다

- the transfer of the ownership
  소유권 이전

494 ★★

periodically
피어리**아**디컬리
[piəriádikəli]

ⓟ 정기적으로, 주기적으로

기출

- be periodically updated based on sales figures
  매출 수치에 따라 주기적으로 갱신되다

- be adjusted periodically to reflect cost changes
  가격 변동을 반영하기 위해 주기적으로 조정되다

- check the Web site periodically and correct any errors
  웹 사이트를 주기적으로 점검하고 오류를 바로잡다

495 ★★

dramatically
주뤄**매**티컬리
[drəmǽtikəli]

부 극적으로, 급격히,
인상적으로

기출

- rise dramatically
  급격히 상승하다

- improve dramatically
  크게 개선되다

- change dramatically in
  several major cities
  몇몇 대도시에서 극도로 변화하다

- a dramatic increase in the
  costs
  비용의 급격한 증가

파생어

dramatic **형** 극적인, 인상적인

496 ★★

transaction
추뢘**잭**션
[trænzǽkʃən]

명 거래

기출

- The transaction will not be
  recorded until the following
  day.
  거래는 다음날이 되어서야 기록될
  것이다.

- unauthorized transactions
  허가되지 않은 거래

- conduct bank transactions
  은행 거래를 처리하다

owing
오우잉
[óuiŋ]

cautiously
커셔슬리
[kɔ́:ʃəsli]

형 빚진, 갚아야 할, 덕분인

부 조심스럽게, 신중히

기출

- owing to rising fuel prices
  상승하는 연료비 때문에

- be closed owing to flooding
  범람 때문에 폐쇄되다

꿀팁 주로 전치사 owing to(~때문에)의
형태로 출제

기출

- proceed cautiously with its
  expansion plans
  확장 계획을 신중하게 추진하다

- cautiously predict an
  increase in revenue
  수익의 증가를 조심스럽게 예측하다

- use caution when handling
  hazardous materials
  위험 물질을 취급할 때 주의하다

파생어

caution 명 주의, 조심

account

어**카**운(트)
[əkáunt]

ⓢ 설명하다(for), (비율, 부분을) 차지하다(for)
ⓜ 계정, 계좌

기출

- account for the decrease in
  ~의 하락을 설명하다

- accounts to manage
  관리할 계정(거래처)

- on account of
  ~ 때문에

- hold an advance degree in accounting
  회계학 석사 학위를 지니다

- hire additional accountants
  회계사들을 추가로 채용하다

파생어

accounting ⓜ 회계
accountant ⓜ 회계사

potential

퍼**텐**셜
[pəténʃəl]

ⓜ 가능성, 잠재력
ⓗ 잠재적인

기출

- have extraordinary potential for
  ~에 대해 엄청난 가능성을 가지고 있다

- have the potential to become highly profitable
  매우 수익이 높을 가능성을 지니다

- attract potential customers
  잠재적 고객을 끌어들이다

- examine the potential benefits
  잠재적 이득을 검토하다

DAY 17

501 ★

previously
프**뤼**뷔어슬리
[príːviəsli]

부 이전에

기출

- higher than previously
  expected[predicted]
  이전에 예상했던 것보다 더 높은

- previously loyal customers
  이전에 충성도가 높았던(단골이었던)
  고객들

- as previously discussed
  이전에 논의된 것처럼

파생어

previous **형** 이전의

502 ★

rate
뤠잇
[reit]

명 요금, 등급, 비율, 속도
동 평가하다, 등급을 매기다

기출

- at reasonable rates
  합리적인 요금으로

- be rated as one of the best
  local companies
  가장 훌륭한 지역 기업들 중 하나로
  평가되다

- very high
  customer-satisfaction
  ratings
  매우 높은 고객만족 등급

파생어

rating **명** 등급

503 ★

predict
프뤼**딕**(트)
[pridíkt]

동 예측하다

아이구 허리야...

기출

- predict an increase in
  ~의 증가를 예상하다

- predict that demand for clean water will increase
  깨끗한 물에 대한 수요가 증가할 것으로 예상하다

- higher than originally predicted
  원래 예상했던 것보다 높은

- beyond one's prediction
  예측을 뛰어넘는

파생어

prediction **명** 예측, 예언

504 ★

substantial
썹스**탠**셜
[səbstǽnʃəl]

형 상당한

기출

- make substantial donations to
  ~에게 상당한 액수의 기부를 하다

- undergo substantial changes
  상당한 변화를 겪다

- a substantial increase in prices
  상당한 가격 상승

- increase[decrease] substantially
  상당히 증가하다[감소하다]

파생어

substantially **부** 상당히

🍬 **꿀팁** 자주 쓰이는 동의어로 considerable이 있음

DAY 17

505 ★

affect
어**뻭**(트)
[əfékt]

동 영향을 주다

기출

- affect the launch of our new product
  우리의 신제품 출시에 영향을 미치다

- be adversely[negatively] affected by
  ~로부터 악영향을 받다

- affect our stock prices
  우리의 주가에 영향을 미치다

- will likely affect our profits significantly
  아마도 수익에 큰 영향을 미칠 것이다

506 ★

saving
쎄이빙
[séiviŋ]

명 절약[할인], 저금
형 절약하는

기출

- open a savings account
  저축 예금 계좌를 열다

- launch a new savings program
  새로운 저축 프로그램을 시작하다

- receive savings of up to 10 percent on
  ~에 대해 최대 10%의 할인을 받다

파생어

save **동** 저축하다, 저장하다

507 ⭐

anniversary

애너**붸**ㄹ써뤼

[ænəvə́ːrsəri]

명 (연례) 기념일

기출

- celebrate the tenth
  anniversary of the firm
  회사 창립 10주년을 기념하다

- mark the tenth anniversary
  with a special dinner
  10주년 기념일을 특별 만찬으로
  기념하다

508 ⭐

slightly

슬**라**잇(틀)리

[sláitli]

부 약간, 근소하게

기출

- rise slightly
  약간 상승하다

- vary slightly from country to
  country
  국가마다 약간씩 다르다

- slightly different from
  ~와 약간 다른

파생어

slight 형 약간의

steady
스테디
[stédi]

impact
⒨ 임팩(트) ⒱ 임팩(트)
[ímpækt]   [impǽkt]

⒨ 꾸준한, 한결같은

기출

- experience steady growth
  꾸준한 성장을 경험하다

- be pleased with the steady rate of expansion
  꾸준한 확장 속도에 흡족하다

- maintain a steady customer base
  꾸준한 고객층을 유지하다

- rise[increase] steadily
  꾸준히 상승하다

파생어

steadily ⒫ 꾸준히, 한결같이

⒨ 영향, 충격
⒱ 충격을 주다

기출

- have a positive[negative, direct] impact on
  ~에 긍정적인[부정적인, 직접적인] 영향을 미치다

- investigate the impact of the factory closure on the local economy
  공장 폐쇄가 지역 경제에 미치는 영향을 조사하다

| DAY 18 |
업무 / 직무 / 평가

cooperation

flexibility

responsible

serve

skillfully

Heavily vs Largely

Heavily(극심하게) 행위나 상태의 정도가 아주 심한 수준
Largely(대부분) 사실이라고 인식할 만큼 발생 빈도가 높은 수준

511 ★★★

complete
컴플릿
[kəmplíːt]

512 ★★★

detailed
디**테**일(드) / **디**-테일(드)
[ditéild]　　[díːteild]

ⓢ 완성하다, 끝내다
ⓗ 완전한, 끝난, 완비한(with)

- complete the training course on
  ~에 대한 과정을 수료하다

- must be completed by
  ~까지 완료되어야 하다

- submit one's complete paperwork to
  완전한 서류를 ~에 제출하다

- after the process is complete
  공정이 완료된 후에

completion ⓜ 완료
completely ⓟ 완전히

ⓗ 상세한

- detailed descriptions of the property
  부동산에 대한 상세한 설명

- detailed reviews of major restaurants in the city
  도시의 주요 식당들에 대한 상세한 후기

- provide detailed information about the new product
  신제품에 대한 상세한 정보를 제공하다

detail ⓢ 상세히 열거하다
　　　ⓜ 세부 사항

513 ★★★

reputation
레퓨**테**이션
[repjutéiʃən]

명 평판, 명성

- develop[build] a reputation
  for excellent service
  뛰어난 서비스로 명성을 쌓다

- gain a reputation as
  ~로서의 명성을 얻다

- a brand with a reputation for
  ~에 대한 명성을 지닌 상표

reputable 형 평판이 좋은

514 ★★

available
어**붸**일러블
[əvéiləbl]

형 (물건) 구할 수 있는,
(사람) 시간이 나는

- be available to work on
  weekends
  주말에 일할 시간이 나다

- be available beginning next
  week
  다음주부터 이용 가능하다

- make our service available
  between 5 A.M. and 6 P.M.
  오전 5시에서 오후 6시 사이에
  서비스를 제공하다

DAY 18

515 ★★

serve
써ㄹ브
[sə:rv]

동 서비스를 제공하다,
근무하다, (음식) 제공하다

- be served after 6 P.M. daily
  매일 저녁 6시 이후에 제공되다

- serve as a financial manager
  재무부장으로 근무하다

- to better serve our clients
  우리 고객들을 더 잘 모시기 위해

516 ★★

responsibility
뤼스**판**서빌러티
[rispánsəbiləti]

명 책임, 담당 업무, 직무

기출

- it is your responsibility to do
  귀하는 ~할 책임이 있다

- the details of your new
  responsibilities
  귀하의 새 직무에 대한 상세한 설명

- one of the major
  responsibilities is to do
  주요 직무의 하나는 ~하는 것이다

파생어

responsible 형 책임 있는

updated
업**데**이팃
[əpdéitid]

📐 최신의

기출

- the updated version of the employee manual
  직원 지침서의 최신 버전

- our updated line of portable speakers
  휴대용 스피커의 최신 제품군

- receive one's updated contact information
  갱신된 연락처를 받다

- update the informational brochures
  정보 안내책자를 업데이트하다

파생어

update 🔵 갱신하다
🔵 갱신

responsible
뤼스**판**서블
[rispánsəbl]

📐 책임 있는

기출

- be responsible for marketing planning
  마케팅 계획에 책임이 있다

- be responsible for managing documents
  문서 관리하는 일을 담당하다

- be responsible for the completion of the hotel renovation
  호텔 개조 공사를 완료하는 책임을 맡다

DAY 18

519 ★★

priority
프라이**어**뤼티
[praió:riti]

명 우선 순위, 우선 과제

너 먼저~

- a top priority for our division
  우리 부서의 최우선 과제

- take priority over all other work
  다른 모든 일들보다 우선하다

- make the fundraising project the highest priority
  기금 모금 프로젝트를 최우선 과제로 삼다

520 ★★

largely
라ㄹ쥘리
[láːrdʒli]

부 주로, 대체로

- due largely to the price increases
  주로 가격 인상으로 인해

- consist largely of paintings by local artists
  주로 지역 예술가들의 그림으로 구성되다

- largely responsible for the increase in sales
  대체로 매출 증가의 원인이 되는

521 ★★

advice
앳**봐**이스
[ædváis]

명 충고, 조언

· provide timely advice
신속한 조언을 제공하다

· have an opportunity to hear
valuable advice from
~로부터 소중한 조언을 얻을 기회를
가지다

· offer excellent advice on
~에 대한 훌륭한 조언을 제공하다

파생어

advise **동** 충고하다

🍯 **꿀팁** advice는 불가산명사

522 ★★

challenge
챌린쥐
[tʃǽlindʒ]

명 도전, 어려움, 난제
동 도전하다

기출

· the challenge of being a
successful artist
성공한 예술가가 되기 위한 도전

· address those challenges
그런 힘든 일을 처리하다

· face the toughest challenges
가장 힘든 상황에 직면하다

· seek employees who are
ready for a challenge
도전을 받아들일 준비가 된 직원을
구하다

파생어

challenging **형** 도전적인, 힘든

DAY 18

523 ★★

cooperation
코아퍼**뤠**이션
[kouapəréiʃən]

ⓜ 협력, 협동

- appreciate the employees'
  cooperation
  직원들의 협조에 감사하다

- require cooperation with
  other teams
  다른 팀과의 협력을 필요로 하다

- establish a cooperative
  relationship with
  ~와의 협력 관계를 수립하다

파생어

cooperate ⓞ 협력하다
cooperative ⓐ 협력하는

524 ★★

ideally
아이**디**얼리
[aidíːəli]

ⓑ 이상적으로, 완벽하게, ~이면
더할 나위 없다

기출

- will ideally be completed by
  next Friday
  다음 주 금요일까지 완료되면 가장 좋다

- be ideally suitable for
  the position of personnel
  manager
  인사부장 직에 완벽하게 적합하다

- should seek out expert
  medical advice, ideally from
  more than one source
  전문적 의료 조언을 구하되, 출처가 한
  곳 이상이면 더할 나위 없다

- be ideal for the new office
  location
  새 사무실 장소로 이상적이다

파생어

ideal ⓐ 이상적인

525 ★★

skillfully
스**낄**뻘리
[skílfəli]

부 솜씨 있게, 능숙하게

기출

- perform one's task skillfully
  직무를 능숙하게 수행하다

- present a new business plan
  skillfully
  새로운 사업 계획을 능숙하게 발표하다

- skillfully figure out flexible
  solutions
  융통성 있는 해결책을 능숙하게
  생각해내다

526 ★

division
디**뷔**젼
[divíʒən]

명 부서, (조직) 부, 국

기출

- restructure some of its
  divisions
  몇몇 부서들을 구조조정하다

- the marketing division
  마케팅 부서

- strengthen relationships
  between the divisions
  부서들 간의 관계를 돈독히 하다

DAY 18

527 ★

supervisor
수퍼봐이저ㄹ
[súːpərvaizər]

🅜 상사, 관리자

기출

- report to the supervisor
  상사에게 보고하다

- All employees will meet their supervisors to discuss next year's business plan.
  모든 직원이 자신의 상사와 만나 내년 사업 계획을 논의할 것이다.

- The department supervisor gave the intern an assignment.
  부서장은 인턴사원에게 과제를 주었다.

파생어

supervise 🅥 감독하다
supervisory 🅐 감독하는

528 ★

deadline
뎃(을)라인
[dédlain]

🅜 기한, 마감 시간(일자)

기출

- meet the deadline
  마감일을 지키다

- miss a deadline
  마감 시한을 맞추지 못하다

- an extended deadline
  연장된 마감 시한

- The deadline is approaching.
  마감 시한이 다가오고 있다.

supervision
수-퍼ㄹ**뷔**전
[suːpərvíʒən]

ⓝ 관리, 감독, 지휘

기출

- receive close supervision from their seniors
  선배들로부터 세심한 관리를 받다

- under the supervision of Mr. Kane
  케인 씨의 감독 하에

- train new employees under the supervision of Mr. Fineman
  파인만 씨의 관리 하에 신입사원들을 교육시키다

파생어

supervise ⓥ 감독하다

assist
어**씨**스(트)
[əsíst]

ⓥ 돕다

기출

- the employees assigned to assist you
  당신을 돕도록 배정된 직원들

- assist Mr. Hudson in managing accounts
  허드슨 씨가 계정 관리하는 것을 돕다

- assist us with letters and phone calls
  우리의 편지와 전화 업무를 돕다

DAY 18

colleague
칼리익
[káliːg]

명 동료

- consult a colleague
  동료와 상담하다

- inform at least one
  colleague before leaving
  one's workspace
  자리를 뜨기 전에 적어도 한 명의
  동료에게 알려주다

- offer invaluable guidance to
  one's colleagues
  동료들에게 소중한 조언을 제공하다

administrative
엇**미**니스트뤠이팁
[ədmínəstreitiv]

형 행정의, 관리의

기출

- administrative positions
  행정직

- have 3 years of
  administrative experience
  3년간의 행정 업무 경력이 있다

- pass a safety test
  administered by the fire
  department
  소방부가 실시하는 안전 검사를
  통과하다

파생어

administer **동** 관리[운영]하다, 집행하다,
(약을) 투여하다
administration **명** 경영, 관리, 운영,
행정

monitor
마니터ㄹ
[mánitər]

동 관찰하다, 주시하다

기출

- closely[carefully] monitor the progress
  진행 상황을 면밀하게 관찰하다

- monitor one's budget as closely as possible
  예산을 최대한 주의 깊게 관찰하다

assign
어**싸**인
[əsáin]

동 배정하다, 할당하다

기출

- be assigned a task to perform
  수행할 업무를 배정받다

- assign one person to handle the issue
  그 문제를 해결하도록 한 명을 배정하다

- primary assignments
  주요 업무들

- a temporary assignment
  임시 업무

파생어

assignment 명 할당(된 것), 배정(된 것)

DAY 18

535 ⭐

flexibility
쁠뤡서**빌**러티
[fleksəbílət̬i]

ⓜ 유연성, 융통성, 재량

기출

- be as flexible as possible at work
  직무 중에 최대한 융통성을 발휘하다

- provide customers more flexibility
  고객들에게 더 많은 선택권을 부여하다

- offer employees greater flexibility in -ing
  ~함에 있어 직원들에게 더 큰 재량을 부여하다

파생어

flexible ⓐ 유연한, 융통성 있는

536 ⭐

exactly
익**잭**(틀)리
[igzǽktli]

ⓐ 정확하게, 엄밀하게

기출

- find out exactly what happened at the event
  행사에서 정확히 무슨 일이 벌어졌는지 알아내다

- know exactly when the product will be released
  제품이 정확히 언제 출시될지 알다

- exactly fifty attendees
  정확하게 50명의 참가자들

파생어

exact ⓐ 정확한

notable
노우터블
[nóutəbl]

형 주목할 만한, 유명한, 훌륭한

- be notable for
  ~로 유명하다

- feature many notable guest speakers
  많은 유명 초청 연사들을 모시다

- notable writers such as Jack Long
  잭 롱 씨와 같은 저명한 저자들

- produce notable results
  주목할 만한 결과를 내다

파생어

note 동 주목하다
　　　명 주의, 주목
notably 부 명백히, 현저히

task
태스크
[tæsk]

명 업무, 직무

기출

- the task of gathering consumer data (from)
  (~에서) 소비자 데이터를 수집하는 업무

- a very demanding task
  매우 힘든 업무

- complete tasks ahead of schedule
  업무를 계획보다 빨리 완료하다

DAY 18

539 ⭐

difficulty
디**쀠**컬티
[dífikʌlti]

ⓜ 곤란, 난관, 곤경

- have difficulty attracting new clients
  신규 고객을 유치하는 데 어려움이 있다

- experience difficulties with the new safety rules
  새로운 안전 규정에 대해 어려움을 겪다

difficult ⓗ 어려운, 곤란한, 고된

540 ⭐

official
어**쀠**셜
[əfíʃəl]

ⓗ 공식적인, 공무상의
ⓜ 공무원

- submit an official request
  정식 요청서를 제출하다

- before the official opening of the exhibition
  전시회의 공식 개장 전에

- officials at the Department of Transportation
  교통부 공무원들

officially ⓐ 공식적으로

◻ 단어와 그에 알맞은 뜻을 연결해 보세요.

1. rather •   • ⓐ 다소, 꽤, 차라리

2. significant •   • ⓑ 정기적으로, 주기적으로

3. periodically •   • ⓒ 상당히

4. slightly •   • ⓓ 약간, 근소하게

5. considerably • • ⓔ 중요한, 상당한

◻ 다음 빈칸에 알맞은 단어를 선택하세요.

> ⓐ previously   ⓑ substantial   ⓒ owing
> ⓓ support   ⓔ accordingly

6. be closed _____ to flooding 범람 때문에 폐쇄되다

7. thanks to your continued _____ 여러분의 지속적인 성원 덕분에

8. undergo _____ changes 상당한 변화를 겪다

9. plan the menu _____ 그에 따라 메뉴를 기획하다

10. _____ loyal customers 이전에 충성도가 높았던 고객들

정답 1. a 2. e 3. b 4. d 5. c 6. c 7. d 8. b 9. e 10. a

◻ 단어와 그에 알맞은 뜻을 연결해 보세요.

1. largely • • ⓐ 상세한

2. assist • • ⓑ 주로, 대체로

3. notable • • ⓒ 행정의, 관리의

4. detailed • • ⓓ 돕다

5. administrative • • ⓔ 주목할 만한, 유명한

◻ 다음 빈칸에 알맞은 단어를 선택하세요.

| ⓐ available | ⓑ serve | ⓒ responsible |
| ⓓ deadline | ⓔ priority | |

6. be _____ beginning next week 다음주부터 이용 가능하다

7. a top _____ for our division 우리 부서의 최우선 과제

8. meet the _____ 마감일을 지키다

9. _____ as a financial manager 재무부장으로 근무하다

10. be _____ for managing documents 문서 관리하는 일을 담당하다

정답 1. b 2. d 3. e 4. a 5. c 6. a 7. e 8. d 9. b 10. c

| DAY 19 |
건설 / 공사 / 교통 / 건물

alternatively

complex

QR코드
단어, 뜻, 기출 예문 음원을
다운로드하실수 있습니다.

following

plant

reach

Formerly vs Before

Formerly(전에 ~인) 부사이며, 뒤에 이전의 신분 또는 실체를 나타내는 명사가 제시됨

Before(~이전에) 전치사이며, 뒤에 시간의 기준이 되는 명사가 제시됨

541 ★★★★★

throughout
쓰루**아**웃
[θruːáut]

⟨전⟩ 도처에(장소),
　　~동안 내내(기간)

기출

- cause traffic delays
  throughout the downtown
  area
  시내 전역에 걸쳐 교통 체증을 야기하다

- available in stores
  throughout the country
  전국의 매장에서 구할 수 있는

- offer workshops throughout
  the year
  일년 내내 워크숍을 제공하다

- available throughout the day
  하루종일 이용 가능한

542 ★★★

following
빨로우잉
[fálouiŋ]

⟨전⟩ ~ 후에
⟨형⟩ 다음의, 뒤따르는

기출

- following the upgrade
  업그레이드가 끝난 이후에

- following the tour of the
  local plant
  지역 공장 견학이 끝난 후에

- until the following business
  day
  다음 영업일까지

recently

뤼슨(틀)-리
[ríːsntli]

easily

이질리
[íːzili]

🟥 최근에

🟦 쉽게, 수월하게

- has recently been updated
  최근에 업데이트되었다

- has recently been awarded
  a contract
  최근 계약을 따냈다

- recently announced that절
  최근에 ~라고 발표했다

- the recently installed
  security system
  최근에 설치된 보안 시스템

파생어

recent 🟩 최근의

기출

- can easily enroll online
  온라인으로 쉽게 등록할 수 있다

- easily access personal
  information on the Web site
  웹 사이트에서 쉽게 개인 정보에 접속할
  수 있다

- easily accessible by bus
  버스로 쉽게 접근이 가능한

파생어

easy 🟩 쉬운, 수월한
ease 🟩 쉬움, 용이함, 편안함

DAY 19

545 ★★★

conveniently
컨**뷔**년(틀)리
[kənvíːnjəntli]

🄫 편리하게

기출

- be conveniently located by the exit
  출구 옆 편리한 곳에 위치하다

- conveniently located in the center of the city
  시내 중심에 접근이 편리한 곳에 위치한

- conveniently scheduled in the evenings
  편리하게 저녁 시간대로 일정이 잡힌

파생어

convenient 🄫 편리한
convenience 🄫 편리, 편의
inconvenience 🄫 불편

546 ★★★

frequently
쁘**뤼**퀀(틀)리
[fríːkwəntli]

🄫 자주, 흔히

기출

- frequently return to our store
  우리 매장을 종종 다시 찾다

- be frequently delayed
  자주 지연되다

- frequently increase during the winter season
  겨울철에 자주 오른다

- monitor frequently
  자주 관찰하다

파생어

frequent 🄫 자주 있는, 빈번한

site
싸잇
[sait]

명 장소, 현장, 부지

• arrive at the construction site
공사 현장에 도착하다

• the site for the shopping complex
쇼핑 복합 단지를 위한 부지

• be constructed on the former site of
이전에 ~가 있던 자리에 건설되다

---

locate
로우케잇
[lóukeit]

동 찾아내다, (장소)에 두다

기출

• locate a nearby restaurant
근처의 레스토랑을 찾아내다

• The entrance to the parking garage is located on the east side of the building.
주차장 입구는 건물 동쪽에 위치해 있다.

• His office is located in the northern part of the city.
그의 사무실은 시의 북쪽 지역에 위치해 있다.

🐝 **꿀팁** 주로 수동태 be located로 사용되며, 장소의 유형에 따라 뒤에 전치사 at(지점), in(지역), on(측면, 층) 등을 사용

549 ★★

near
니어ㄹ
[niər]

형 가까운
전 ~ 근처에
동 ~에 다가가다

기출

- in the near future
  가까운 미래에

- be located near the
  convention center
  컨벤션 센터 근처에 위치하다

- stay at a nearby hotel
  근처 호텔에 묵다

파생어

nearby **형** 근처의

550 ★★

almost
얼-모우스(트)
[ɔ́ːlmoust]

부 거의

기출

- almost impossible
  거의 불가능한

- after almost 10 years of
  construction
  거의 10년의 공사 후에

- can do almost anything you
  request
  여러분이 요청하시는 거의 모든 것을 할
  수 있다

🍯 **꿀팁** 형용사, 부사, 동사를 수식 가능

551 ★★

renovate
뤠너붸잇
[rénəveit]

⑤ (건축물을) 개조하다, 보수하다

- **renovate** the lobby
  로비를 개조하다

- while the office is being renovated
  사무실에 보수 공사가 진행되는 동안

- the newly renovated theater
  막 보수 공사를 마친 극장

- undergo renovation
  보수가 진행되다

- the planned renovation of the lobby
  예정된 로비 보수 공사

renovation 명 (건축물) 개조, 보수

552 ★★

reach
뤼취
[ri:tʃ]

⑤ (장소, 목표 등) 도달하다, 연락이 닿다
⑱ 도달, (손이 닿는) 범위

- to reach the business center
  비즈니스 센터에 가려면

- reach an agreement
  합의에 도달하다

- can be reached 24 hours a day
  하루 중 언제나 연락이 닿을 수 있다

- within reach
  손이 닿는 곳에

553 ★★

permit

동 퍼ㄹ**밋**　명 **퍼**-ㄹ밋
[pərmít]　[pə́ːrmit]

동 허가하다
명 허가증

기출

- a parking permit
  주차 허가증

- be permitted to leave work
  at 4 P.M.
  오후 4시에 퇴근하는 것이 허용되다

- written[prior] permission
  서면[사전] 허락

파생어

permission 명 허락
permissible 명 허용되는
permissive 명 관대한

554 ★★

acquire

억**콰**이어ㄹ
[əkwáiər]

동 (기업을) 인수하다,
취득하다, 습득하다

기출

- acquire a company
  회사를 인수하다

- acquire necessary skills
  필요한 기술을 습득하다

- acquire land to build an
  additional factory
  공장을 추가로 짓기 위한 부지를
  매입하다

- acquire artifacts from
  ancient China
  고대 중국의 유물을 입수하다

파생어

acquired 명 취득한, 습득한, 후천적인
acquisition 명 인수, 취득한 것

alternatively
얼-**터**ㄹ너팁(을)리
[ɔːltə́ːrnətivli]

부 그렇지 않으면, 대안으로, 그 대신

기출

· You may use the free shuttle service from the hotel. Alternatively, you can take a taxi.
호텔에서 무료 셔틀 서비스를 이용하실 수 있습니다. 그 대신, 택시를 이용하셔도 됩니다.

· Please e-mail me if you have questions. Alternatively, you can stop by my office at any time.
궁금한 점에 대해서는 제게 이메일을 주세요. 아니면, 언제든 제 사무실을 방문하셔도 됩니다.

transition
추랜**지**션
[trænzíʃən]

명 전환, 이전

기출

· concerns about the system transition
시스템 전환에 대한 우려

· make a successful transition to an automatic system
자동 시스템으로 성공적으로 전환하다

· the transition to the new location
새로운 장소로의 이전

파생어

transitional **형** 과도기의, 임시의

DAY 19

557 ★★

relocation
릴로**케**이션
[riloukéiʃən]

명 이전, 재배치

- after the relocation in May
  5월에 이전하고 나면

- the relocation of our
  operations to Rochester
  우리 회사를 로체스터로 이전하는 것

- whether to expand our
  office or relocate to a larger
  building
  사무실을 확장할지, 더 큰 건물로
  옮길지

파생어

relocate **동** 이전하다

558 ★

construction
컨스추**뤅**션
[kənstrʌ́kʃən]

명 건설

기출

- begin construction of the
  new city hall building
  새로운 시청사 건설 공사에 착수하다

- plan the construction of a
  new stadium
  새 경기장 건설을 계획하다

- the construction of a new
  parking lot
  새 주차 공간의 건설

파생어

construct **동** 건설하다, 구성하다
constructive **형** 건설적인
constructively **부** 건설적으로

559 ⭐

firm
뻐ㄹ엄
[fəːrm]

ⓜ 회사
ⓗ 굳건한, 확고한, 튼튼한

- a mid-sized law firm
  중간 규모의 법률 사무소

- a firm belief
  확고한 믿음

- register for an internship
  with an architectural firm
  건축 회사에서 인턴십을 신청하다

- joined one's firm last year
  작년에 입사했다

firmly ⓟ 단단하게, 확고하게

560 ⭐

plant
플랜(트)
[plænt]

ⓜ 공장, 식물
ⓓ ~을 심다

- plants that are native to the
  area
  그 지역의 토종 식물들

- a manufacturing plant
  제조 공장

- plant the trees strategically
  전략적으로 나무를 심다

DAY 19

561 ★

transportation

트랜스퍼ㄹ**테**이션
[trænspərtéiʃən]

명 교통, 운송

기출

- a convenient means of
  transportation
  편리한 교통 수단

- request transportation from
  the office to the factory
  사무실에서 공장으로 가는 교통편을
  요청하다

- an efficient public
  transportation system
  효율적인 대중 교통 시스템

파생어

transport **동** 수송하다
　　　　 명 수송, 수송 수단

562 ★

closure

클**로**우저ㄹ
[klóuʒər]

명 폐쇄

기출

- entrance closure
  출입구 폐쇄

- scheduled closure
  예정된 폐쇄

- This closure is expected to
  take effect as of May 1.
  이 폐쇄 조치는 5월 1일부로 시행될
  예정이다.

flight
쁠**라**잇
[flait]

명 항공편

기출

- passengers on the flight number 286
  286 항공편의 탑승객들

- offer nonstop flights
  직항편을 제공하다

- due to a flight delay
  항공편 지연으로 인해

- book a flight
  항공편을 예약하다

entrance
엔추뤈스
[éntrəns]

명 출입구, 입장

기출

- an entrance to the parking garage
  주차장 출입구

- use the rear entrance
  뒤편 출입구를 이용하다

- at the front entrance
  정면 출입구에서

- an entrance fee
  입장료

파생어

enter **동** 입장하다, 참가하다
entry **명** 출입, 입장, 출품(작)

DAY 19

property
프**롸**퍼ㄹ티
[prápərti]

❸ 부동산, 재산, 특성

- a desirable property
  가치 있는 부동산

- a property development
  company
  부동산 개발 회사

- purchase property
  부동산을 구입하다

- work on the property
  acquisition
  부동산 매입 관련 일을 하다

complex
캄플렉스
[kámpleks]

❸ 복잡한
❸ 복합 건물, 단지

- perform a complex task
  복잡한 업무를 수행하다

- the proposed office complex
  사무 단지 건설 제안

complexity ❸ 복잡성

formerly

뿨ㄹ멀리

[fɔ́ːrmərli]

🕚 전에는

- be formerly a famous chef
  유명한 요리사 출신이다

- be formerly a residential area
  전에는 주택 지구였다

- formerly known as HNC Printing
  전에는 HNC 인쇄소라고 알려졌던

파생어

former 🔵 이전의, 전직 ~인

---

institute

인스터튯

[ínstətjuːt]

🕚 설치하다, 제정하다, 도입하다
🔵 기관, 협회

기출

- institute a new dress code policy
  새로운 복장 방침을 도입하다

- a renowned culinary institute
  유명한 요리 학교

- a financial institution
  금융 기관

파생어

institution 🔵 기관, 제도

DAY 19

spacious
스페이셔스
[spéiʃəs]

형 넓은

기출

- offer more spacious workspaces
  보다 넓은 작업 공간을 제공하다

- surprisingly spacious
  놀라울 정도로 넓은

- a spacious two-bedroom apartment
  넓은 침실 2개짜리 아파트

protective
프뤄**텍**티입
[prətéktiv]

형 보호하는, 방어적인

기출

- as a protective measure for the company
  회사를 보호하기 위한 조치로

- provide protective equipment
  보호 장비를 제공하다

- wear protective goggles
  보안경을 착용하다

파생어

protect 동 보호하다

| DAY 20 |
건강 / 의료 / 보건 / 환경 / 날씨

clean

leave

protection

recover

safely

Likely vs Probable

Likely(가망이 있는) 명사를 앞에서 수식하거나 be동사의 보어로 to부정사를 사용함
Probable(가망이 있는) 명사를 앞에서 수식하지만, be동사의 보어로 that절을 사용함

571 ★★★★

once
원스
[wʌns]

부 한 번(횟수), 전에, 한때
접 일단 ~하면, ~하자마자

기출

- have been to Beijing once
  베이징에 한 번 가본 적이 있다

- be published once a month
  한 달에 한 번 간행되다

- Mr. Nash, once the head of the marketing division
  한때 마케팅부장이었던 내쉬 씨

- once we introduce new menus
  우리가 신메뉴를 선보이자마자

- once again
  한 번 더, 또 다시

572 ★★★

decline
디클라인
[dikláin]

동 하락하다, 줄어들다, 거절하다
명 하락

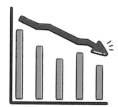

기출

- decline the invitation
  초대를 거절하다

- typically decline during the winter season
  보통 겨울철에 감소하다

- because of declining sales
  줄어드는 매출 때문에

파생어

declining **형** 기우는, 쇠퇴하는

early
얼-리
[ə́:rli]

부 일찍, 빨리, 초기에
형 이른, 초기의

기출

- come to work early
  일찍 출근하다

- renew one's subscriptions
  early
  정기구독을 미리 갱신하다

- an improvement on the early
  version
  초기 버전에 대한 개선

- one day earlier than usual
  평소보다 하루 일찍

interest
인터뤠슷
[íntərest]

명 관심, 흥미, 관심사, 취미
동 관심을 갖게 하다

기출

- express great interest in ~
  ~에 지대한 관심을 나타내다

- show no interest in ~
  ~에 관심을 전혀 보이지 않다

- Thank you for your interest
  in ~
  ~에 관심을 가져 주셔서 감사합니다

파생어

interested 형 관심이 있는
interesting 형 흥미로운

DAY 20

leave

리-브

[liːv]

variety

뭐**롸**이어티

[vəráiəti]

동 떠나다, 남기다
명 휴가

명 여러 가지, 다양성

기출

- add a greater variety to the menu
  메뉴에 더욱 다양한 구성을 추가하다

- produce boxes in a variety of sizes
  다양한 크기의 포장박스를 생산하다

- a wide variety of health-care services
  매우 다양한 종류의 의료 서비스

기출

- left the extra handouts on one's desk
  여분의 유인물을 책상 위에 두었다

- before leaving the office
  사무실을 떠나기 전에

- sick leave
  병가

- a leave of absence
  휴직

indicate

인디케잇
[índikeit]

동 나타내다, 보여주다,
암시하다

기출

- Please indicate your choice
  on the form.
  양식에 귀하의 선택을 명시하세요.

- indicate a preference for
  organic food
  유기농 식품에 대한 선호를 보여주다

- an important indicator of
  quality health care
  양질의 의료 서비스를 알려주는 중요한
  지표

파생어

indicative **형** ~을 나타내는 (of)
indicator **명** 지표

standard

스탠더ㄹ(드)
[stǽndərd]

명 표준, 기준
형 일반의, 표준의

기출

- be sold at a third of the
  standard price
  표준 가격의 3분의 1에 팔리다

- uphold a strict standard of
  quality
  엄격한 품질 기준을 유지하다

- maintain high safety
  standards
  높은 안전 기준을 유지하다

- extend one's standard
  business hours
  정규 영업 시간을 연장하다

DAY 20

demand

디**맨**(드)

[dimǽnd]

frequent

쁘**뤼**-퀀(트)

[fríːkwənt]

명 수요, 요구
동 요구하다

기출

- anticipate a higher demand for organic vegetables
  유기농 채소에 대한 더 높은 수요를 예측하다

- in response to a client's demand
  고객의 요구에 맞추어

- meet the demand for the new product
  신제품의 수요를 맞추다

- a very demanding training course
  매우 힘든 훈련 과정

파생어

demanding **형** (일이) 힘든, 요구가 많은

형 빈번한
동 자주 방문하다

기출

- conduct frequent sales meetings
  잦은 영업 회의를 실시하다

- provide more frequent service
  더 잦은 서비스를 제공하다

파생어

frequently **부** 종종, 자주
frequency **명** 빈도

temporarily
템퍼**뤠**륄리
[tempərérəli]

(부) **임시로**

기출

- be temporarily closed to visitors
  일시적으로 방문객에게 개방되지 않다

- temporarily out of stock
  일시적으로 품절인

- be temporarily suspended due to bad weather
  악천후 때문에 일시적으로 중지되다

- be employed on a temporary basis
  임시로 고용되다

파생어

temporary (형) 임시의, 일시적인

---

cancel
캔설
[kǽnsəl]

(동) **취소하다, 무효화하다**

기출

- cancel one's subscription to
  ~의 정기 구독을 취소하다

- cancel an appointment
  약속을 취소하다

- cancel one's conference call
  전화회의를 취소하다

파생어

cancellation (명) 취소, 무효화

DAY 20

583 ★★

protect
프뤄**텍**(트)
[prətékt]

동 보호하다

기출

- protect homes and offices from adverse weather conditions
  악천후로부터 집과 사무실을 보호하다

- protect sensitive data with confidential codes
  기밀 코드로 민감한 데이터를 보호하다

- protective gear
  보호 장비

파생어

protective **형** 보호하는

584 ★★

environment
인**봐**이어런먼(트)
[inváiərənmənt]

명 환경

기출

- a quiet working environment
  조용한 근무 환경

- protect the environment
  환경을 보호하다

- in a busy office environment
  바쁜 사무 환경 속에서

- environmentally friendly
  환경 친화적인

파생어

environmentally **부** 환경적으로

likely
라익클리
[láikli]

⟨형⟩ ~할 것 같은, 가망 있는

기출

- be likely to continue for some time
  한동안 지속될 것 같다

- the most likely person to replace the outgoing manager
  퇴사하는 부장을 대신할 가능성이 가장 높은 사람

- the four most likely candidates for the job
  그 자리에 가장 유력한 네 명의 후보들

🍯 **꿀팁** 주로 be likely to do/that(~할 것 같다) 형태로 출제

---

heavy
헤뷔
[hévi]

⟨형⟩ 무거운, 대형의, 극심한

기출

- with heavy usage
  과도한 사용으로

- Heavy rain will continue.
  폭우가 계속될 것이다.

- operate heavy machinery
  중장비를 운전하다

- rely[depend] heavily on
  ~에 크게 의존하다

파생어

heavily ⟨부⟩ 과도하게, 대량으로, 극심하게

DAY 20

clean

클리인

[kliːn]

perfectly

퍼ㄹ픽(틀)리

[pə́ːrfiktli]

형 깨끗한
동 청소하다

기출

- a very clean surface
  매우 깨끗한 표면

- clean the machine properly
  기계를 제대로 청소하다

- provide complimentary cleaning
  무료 세척 서비스를 제공하다

파생어

cleaning 명 청소, 세척
　　　　　형 청소하는
cleanliness 명 청결

부 완벽하게

기출

- be perfectly located
  최적의 장소에 위치하다

- be perfectly suited for
  ~에 완벽하게 어울리다

- match the new design perfectly to the old one
  새 디자인을 이전 것과 완벽하게 조화시키다

파생어

perfect 형 완벽한

heavily

해뷀리

[hévəli]

subject

썹젝(트) / 썹직(트)

[sʌ́bdʒekt] [sʌ́bdʒikt]

🔵 대단히, 극심하게

🔲 하기 쉬운, 영향을 받는,
종속적인

🔲 주제

기출

- the most heavily funded
  charity organization in the
  world
  세계에서 가장 집중적으로 자금 지원을
  받는 자선단체

- depend[rely] heavily on
  ~에 심하게 의존하다

- rain heavily for several days
  며칠 동안 폭우가 내리다

기출

- be subject to additional
  charges
  추가 요금이 청구될 수 있다

- be subject to seasonal
  demand
  계절 수요의 영향을 받을 수 있다

- be subject to change
  without notice
  사전 공지 없이 변경될 수 있다

DAY 20

591 ★

then
덴
[ðen]

㉫ 그리고 나서, 그때에

기출

- be first categorized
  by subject and then
  alphabetized
  먼저 주제별로 분류된 후에 알파벳
  순으로 정렬되다

- complete the online form
  and then submit it
  온라인 양식을 작성한 후에 제출하다

- Ms. Logan immediately
  checked the inventory. She
  then arranged shipment of
  the missing item.
  로건 씨는 즉시 재고를 확인했다. 그
  다음 그녀는 분실 상품의 배송 일정을
  잡았다.

592 ★

additionally
어**디**셔널리
[ədíʃənəli]

㉫ 게다가, 또한

기출

- You must show your
  ticket at the main gate.
  Additionally, you need to
  present your identification at
  the security desk.
  입구에서 입장권을 보여주셔야 합니다.
  또한, 보안 검색대에서 신분증을 제시할
  필요가 있습니다.

파생어

additional **㉨** 추가적인
addition **㉩** 추가된 것

safely

쎄이쁠리

[séifli]

helpful

헤읍쀨

[hélpfəl]

부 무사히

기출

- operate the manufacturing equipment safely
  제조 장비를 안전하게 조작하다

- access one's personal information safely
  안전하게 개인 정보에 접속하다

- workplace safety
  작업장 안전

- safety regulations
  안전 규정

파생어

safety 명 안전

형 유용한, 도움이 되는

기출

- it is helpful to do
  ~하는 게 도움이 되다

- comment on the helpful services
  유익한 서비스에 대해 평을 하다

- helpful in looking for health information
  건강 정보를 찾는 데 유용한

- find it helpful to join local business clubs
  지역 경제인 모임에 가입하는 것이 도움이 된다는 것을 알게 되다

파생어

help 동 돕다
     명 도움

DAY 20

595 ★

case
케이스
[keis]

명 경우, 사례

기출

- in many cases
  많은 경우에

- **as was** the case with
  ~의 경우에 그랬던 것처럼

- in case of **an emergency**
  긴급한 상황의 경우에

파생어

in case **접** ~경우에 대비하여
in case of **전** ~의 경우

💊 **꿀팁** Part 6에서 접속부사 in this case
(이런 경우에는)로 정답 출제

596 ★

usually
유주얼리
[júːʒuəli]

부 보통, 대개

기출

- be usually **sold out at this time**
  보통 이맘때쯤이면 다 팔리다

- usually **leave work at 7 p.m.**
  주로 오후 7시에 퇴근하다

- unusually **warm**
  예년과 달리 따뜻한

파생어

usual **형** 보통의
unusually **부** 평상시와 달리, 이례적으로

597 ★

generally

줴너뤌리

[dʒénərəli]

부 보통, 일반적으로

기출

- generally available in local supermarkets
  보통 지역 슈퍼마켓에서 구할 수 있는
- It generally takes one day to process requests for office supplies.
  사무용품에 대한 요청을 처리하는 데 보통 하루가 걸린다.
- be generally distributed in the afternoon
  일반적으로 오후에 배포되다

598 ★

protection

프뤄**텍**션

[prətékʃən]

명 보호

기출

- for your protection
  여러분을 보호하려면
- the high standards of environmental protection
  환경 보호의 높은 기준
- an organization engaged in wilderness protection
  원시림 보호 활동을 하는 단체

파생어

protect 동 보호하다

DAY 20

markedly

마ㄹ킷(을)리
[máːrkidli]

🔵 현저하게, 두드러지게,
뚜렷하게

기출

- become markedly better
  현저하게 나아지다

- markedly successful
  완전히 성공적인

- differ markedly
  뚜렷하게 다르다

파생어

marked 🔵 두드러진, 현저한

recover

뤼커버ㄹ
[rikʌ́vər]

🔵 복구하다, 회복하다

기출

- fully recover from recent
  economic difficulties
  최근의 경기 불황에서 완전히 회복하다

- greatly reduce the time it
  takes to recover from a
  health problem
  건강 문제에서 회복하는 데 걸리는
  시간을 대폭 줄여주다

- Recovering damaged files
  is time-consuming for our
  technical support team.
  손상된 파일을 복구하는 것은 저희
  기술팀에게 많은 시간을 소모하는
  작업입니다.

□ 단어와 그에 알맞은 뜻을 연결해 보세요.

1. entrance •   • ⓐ 최근에

2. frequently •   • ⓑ 전에는

3. recently •   • ⓒ 자주, 흔히

4. formerly •   • ⓓ 허가하다, 허가증

5. permit •   • ⓔ 출입구, 입장

□ 다음 빈칸에 알맞은 단어를 선택하세요.

ⓐ plant	ⓑ conveniently	ⓒ reach
ⓓ near	ⓔ following	

6. until the _____ business day 다음 영업일까지

7. be _____ located by the exit 출구 옆 편리한 곳에 위치하다

8. to _____ the business center 비즈니스 센터에 가려면

9. in the _____ future 가까운 미래에

10. a manufacturing _____ 제조 공장

정답 1.e 2.c 3.a 4.b 5.d 6.e 7.b 8.c 9.d 10.a

◘ 단어와 그에 알맞은 뜻을 연결해 보세요.

1. frequent •   • ⓐ 복구하다, 회복하다

2. recover •   • ⓑ 현저하게, 뚜렷하게

3. case •   • ⓒ 경우, 사례

4. indicate •   • ⓓ 빈번한, 자주 방문하다

5. markedly •   • ⓔ 나타내다, 보여주다

◘ 다음 빈칸에 알맞은 단어를 선택하세요.

| ⓐ usually   ⓑ once   ⓒ standard |
| ⓓ temporarily   ⓔ demand |

6. _____ out of stock 일시적으로 품절인

7. be published _____ a month 한 달에 한 번 간행되다

8. in response to a client's _____ 고객의 요구에 맞추어

9. be sold at a third of the _____ price 표준 가격의 3분의 1에 팔리다

10. _____ leave work at 7 p.m. 주로 오후 7시에 퇴근하다

정답 1.d 2.a 3.c 4.e 5.b 6.d 7.b 8.e 9.c 10.a

시원스쿨 처음토익 기출 VOCA

 토익 어휘 실전 테스트 20회분

 Index

1. The technical faults should be further ------- before any work on the elevator system is resumed.

(A) supervised
(B) requested
(C) analyzed
(D) formed

2. The hotel manager has found that most guests ------- eating in the sports bar due to its low prices.

(A) provide
(B) prefer
(C) change
(D) predict

3. Although Gourmet King began as a pizza restaurant, it now ------- in Asian fusion cooking.

(A) specializes
(B) participates
(C) allows
(D) suggests

4. In recognition of their -------, the branch managers will be given generous bonuses from the president of Whoppa Burger.

(A) expenses
(B) applications
(C) instructions
(D) achievements

5. If you would like a copy of your travel -------, please let your West Coast Tours agent know when making a reservation.

(A) agency
(B) duration
(C) itinerary
(D) provider

P6

6. Thank you for your interest in joining the cooking class here at The Open Kitchen. I am writing to inform you that, due to high ------- this month, we are unable to offer you a place in the class. However, you will be able to attend the class in December. Please call us at 555-8912 if you would like to sign up.

(A) enrollment
(B) revenue
(C) application
(D) result

P7

7. The "most talked about" debut at the Athens Film Festival was the eye-opening documentary by Canadian director Nicolaos Pruitt. Over the course of a year, Pruitt lived on an Alaskan fishing boat to <u>cover</u> the dangerous work conditions in this industry. Supported by an amazing soundtrack and beautiful cinematography, his film is expected to be the big winner at the festival.

The word "cover" is closest in meaning to

(A) guard
(B) create
(C) report on
(D) take charge of

정답 1.c 2.b 3.a 4.d 5.c 6.a 7.c

1. The monthly farmers' market in Salford gives residents a chance to buy fresh vegetables from ------- farmers at affordable prices.

(A) near
(B) around
(C) local
(D) close

2. The wedding being ------- this weekend is strictly limited to family and friends only.

(A) participated
(B) occurred
(C) happened
(D) held

3. Several discount vouchers will be distributed to attendees ------- the city tour.

(A) between
(B) above
(C) since
(D) throughout

4. Arthurstone Art Museum will present an exhibit featuring the ------- work of renowned sculptor Juan Rodriguez.

(A) retail
(B) original
(C) potential
(D) social

5. Ms. Choi wants to see the revised conference ------- as soon as it is available.

(A) schedule
(B) call
(C) rest
(D) tour

P6

6. The marketing campaign for our latest range of digital cameras has been very successful among consumers. -------, we have received orders for over 750,000 units. However, due to the malfunctions at our Alford factory, it will take longer than expected to manufacture all of the units.

(A) Previously
(B) Immediately
(C) Currently
(D) Lastly

P7

7. The popular news program has been on the air for more than 30 years and has introduced numerous esteemed journalists to the American public. Its dedicated viewers tune in every evening to watch reports covering the latest developments in international politics, business, and sports.

The word "developments" is closest in meaning to

(A) promotions
(B) events
(C) procedures
(D) advances

정답 1. c 2. d 3. d 4. b 5. a 6. c 7. b

TEST 3

1. Although it was purchased several years ago, the photocopier on the third floor remains -------.

   (A) outdated
   (B) familiar
   (C) functional
   (D) replaceable

2. The items of clothing listed below are ------- back to Regent Tuxedo Rentals by December 27.

   (A) purchased
   (B) required
   (C) ready
   (D) due

3. A spokesperson for Bing Telecom stated that further testing was the reason for the ------- in releasing the new cell phone.

   (A) trial
   (B) arrival
   (C) delay
   (D) proposal

4. The ferry between Port Knot City and Bridgepoint does not ------- during thunderstorms or heavy rain.

   (A) manipulate
   (B) operate
   (C) administer
   (D) accomplish

5. Mr. Cruise's impressive work ethic seems to have caused a ------- 25 percent rise in store sales.

   (A) rational
   (B) remarkable
   (C) tedious
   (D) transparent

P6

6. After many years of hard work and dedication, Mr. Jim Robertson has been ------- Moore Chemicals Inc.'s director of sales. He will replace Mr. Martin Frehley, who is retiring next month.

   (A) allocated
   (B) appointed
   (C) designed
   (D) operated

P7

7. The latest offering from Star-Line Electronics is an advanced GPS system for use in personal or commercial vehicles. Along with the standard services, this unit also employs satellite technology that relays accurate live updates about traffic conditions in major U.S. and European cities.

   The word "conditions" is closest in meaning to

   (A) provisions
   (B) circumstances
   (C) requirements
   (D) illnesses

정답 1.c 2.d 3.c 4.b 5.b 6.b 7.b

1. The financial report must be ------- so that departmental budgets for next month can be allocated accordingly.

(A) accurate
(B) mutual
(C) durable
(D) average

2. The founder of the charity expressed his gratitude to Levine Enterprises for its ------- donation of 500,000 dollars.

(A) eligible
(B) correct
(C) significant
(D) cooperative

3. Executives at SJW Corporation considered online marketing to be the most ------- way for the company to reach its targeted consumers.

(A) incredible
(B) extreme
(C) considerable
(D) efficient

4. Delson Supermarket makes it a policy to hire several part-time workers during the ------- busy holiday shopping season.

(A) promptly
(B) reluctantly
(C) particularly
(D) widely

5. After the payment has been made, the ------- will appear on your bank statement under the name Paton Financial.

(A) promotion
(B) extension
(C) transaction
(D) subscription

P6

6. Palm Beach Resort offers a ten percent discount to all guests who stay for more than five nights. -------, free shuttle services to and from the nearby train station are available upon request.

(A) In contrast
(B) Nevertheless
(C) Additionally
(D) Therefore

P7

7. Before we can reopen for business, we have to repair the heating system in the restaurant. Now, we've already received several estimates, and they were all much higher than we originally expected. Therefore, I propose that we apply for a small loan from Valley Bank to better cover the expenses. Then we can at least start serving customers again.

The word "estimates" is closest in meaning to

(A) appraisals
(B) opinions
(C) suggestions
(D) calculations

TEST 5

1. The plan for the opening day's group activities has been posted on the company's Web site, but the rest of the schedule for the team-building event has yet to be -------.

(A) announced
(B) balanced
(C) valued
(D) appointed

2. Early testing of the Digimax 600 camera shows that the device has ------- battery power to stay charged for at least 12 hours.

(A) urgent
(B) accurate
(C) sufficient
(D) experienced

3. Ms. Gaffney received the Photojournalist of the Year ------- for her pictures of those affected by the tropical storm in New Orleans.

(A) award
(B) vacancy
(C) position
(D) offer

4. Turn right on Trenton Road and go past the post office in order to ------- the Carson branch of Lively Supermarket.

(A) reach
(B) travel
(C) arrive
(D) search

5. The launch of the new television has been pushed back to June 26 due to ------- problems with the quality control process.

(A) considerate
(B) assigned
(C) inactive
(D) unexpected

P6
6. To book a discounted room at the Welcome Inn during the AMA Technology Conference, contact the manager two weeks ------- to the beginning of the conference. After this time, discounted rooms will likely no longer be available.

(A) after
(B) early
(C) prior
(D) during

P7
7. The limited recall of the Intrepid VX70 will lead to a variety of considerable expenses for Upton Motors. Namely, the popular <u>line</u> of sports cars will be discontinued for an unknown period of time, resulting in a large loss of profits. In addition, the company should pay the transportation and repair fees for the customers who have already purchased the vehicle.

The word "line" is closest in meaning to

(A) border
(B) brand
(C) cable
(D) route

정답 1.a 2.c 3.a 4.a 5.d 6.c 7.b

1. Comprehensive knowledge of social networking is ------- for advertising products to younger customers.

(A) equal
(B) essential
(C) potential
(D) rigorous

2. The failure of Beeker Computing's latest laptop, the Psion 5000, is due ------- to a design flaw that caused the device to often overheat.

(A) amply
(B) largely
(C) deeply
(D) tightly

3. The couch and matching armchairs you have ------- will be shipped within seven business days.

(A) ordered
(B) utilized
(C) equipped
(D) asked

4. Pratt Automotive is developing a large number of electric cars to ------- the growing demand for eco-friendly vehicles.

(A) validate
(B) confirm
(C) estimate
(D) accommodate

5. Mr. Clark, the human resources manager, has decided to ------- the probationary period for new employees by an additional two months.

(A) replace
(B) settle
(C) extend
(D) fulfill

P6

6. The damage to the truck can be fixed if we purchase the necessary parts from abroad. If you are able to pay for the parts in advance, then Marko Mechanics will be able to ------- the truck completely within three weeks.

(A) repair
(B) redeem
(C) replace
(D) recharge

P7

7. I regret to inform you that your application did not <u>meet</u> the conditions for entry into the Philadelphia Writer's Workshop. All interested individuals were asked to submit a writing sample between fifteen and twenty pages in length, but your short story was only nine pages long. I encourage you to try again next year.

The word "meet" is closest in meaning to

(A) assemble
(B) introduce
(C) fulfill
(D) experience

정답 1.b 2.b 3.a 4.d 5.c 6.a 7.c

1. Arnott Cosmetics will ------- present its new range of lip gloss in June, but some of the products may not be ready by then.

(A) completely
(B) ideally
(C) exactly
(D) mutually

2. By ------- its older manufacturing machines with more modern models, Canmore Plastics Inc. has increased its production rate by at least twenty five percent.

(A) offering
(B) fixing
(C) transferring
(D) replacing

3. For the month of May, Lemon Air plans to lower fares on flights to all domestic -------.

(A) reputations
(B) destinations
(C) regulations
(D) transactions

4. Jagten Corporation released an official statement to the press ------- media rumors that it was planning to close several of its factories.

(A) provided that
(B) during
(C) except for
(D) following

5. Department managers should ------- workers from taking excessively long breaks unless they have a valid reason.

(A) insist
(B) consider
(C) prevent
(D) realize

P6

6. The opening of Otocheck's new production facility will allow the company to increase its output by 25%. -------, the company is now hiring a large number of individuals to work in the plant.

(A) Accordingly
(B) Nevertheless
(C) Similarly
(D) Otherwise

P7

7. Accepting a six-month managerial position at one of our international <u>locations</u> comes with some benefits. First of all, all travel expenses and living costs will be covered. Furthermore, employees who work abroad are entitled to a substantial bonus along with increased vacation time. So if anyone is interested in applying for such a position, please inform the director of the Human Resources Department.

The word "locations" is closest in meaning to

(A) branches
(B) positions
(C) findings
(D) destinations

정답 1.b 2.d 3.b 4.d 5.c 6.a 7.a

TEST 8

1. Although our desks and wardrobes are only partially ------- upon delivery, customers will have no problem setting them up themselves.

(A) designed
(B) established
(C) ordered
(D) assembled

2. Tay Restaurants Inc. is pleased to announce that its Glendale location has passed the annual hygiene -------.

(A) condition
(B) suggestion
(C) situation
(D) inspection

3. The study indicates that the ------- for tablet computers has increased by more than 40% over the last three years.

(A) presence
(B) level
(C) demand
(D) process

4. Mr. Lawrence is highly ------- in Web design and computer programming, which makes him a perfect fit for the online marketer position.

(A) skilled
(B) priced
(C) tested
(D) recruited

5. Beef Broth, a Vietnamese restaurant on First Avenue, has succeeded in ------- a good reputation both in the local community and throughout the city.

(A) remaining
(B) securing
(C) offering
(D) joining

P6

6. We are Detroit's best choice in security, from residential properties to large corporations. We are ------- upgrading our motion detector systems, ensuring that you receive the most advanced security technology available today.

(A) surprisingly
(B) continually
(C) hardly
(D) probably

P7

7. The customers insisted that the rental car was in the same condition as it was when they first left the lot. However, photographs show that there had not been any damage to the right rear bumper prior to their departure. I have sent these photos to the customers' insurance agency to help <u>support</u> our claim.

The word "support" is closest in meaning to

(A) confirm
(B) maintain
(C) sponsor
(D) carry

정답 1.d 2.d 3.c 4.a 5.b 6.b 7.a

1. In Digico Computing's customer survey, Brianna Smith received extremely positive ------- regarding her comprehensive product knowledge.

(A) feedback
(B) experience
(C) location
(D) training

2. Mr. Hirst, the building manager, sent a notice to all residents ------- the new door entry system.

(A) concerning
(B) hiring
(C) resulting
(D) following

3. The enclosed pamphlet contains important information pertaining to your recently -------international driver's license.

(A) limited
(B) issued
(C) driven
(D) opened

4. Torsten Inc. has come to an ------- with Meridian Health Foods with regard to handling the distribution of the company's products in North America.

(A) association
(B) outcome
(C) entry
(D) agreement

5. Should you experience any ------- when using your new digital camera, please call Drill Electronics' customer service hotline at 555-1123.

(A) advances
(B) functions
(C) defects
(D) specifications

P6

6. Barry Gibson has been selected to be the general manager at our new branch in Glasgow. While we are sad to see Mr. Gibson leave our store, we wish him all the best with regard to this well-deserved -------.

(A) promotion
(B) increase
(C) scholarship
(D) nomination

P7

7. Construction on the suspension bridge between Blennerhasset Island and the mainland is due to be completed next month. This ambitious project drew civil engineers from around the country and is expected to have cost the state more than one billion dollars, yet local officials are predicting that the figure will continue to increase.

The word "figure" is closest in meaning to

(A) shape
(B) product
(C) person
(D) number

TEST 10

1. At least one receptionist at Grandville Accounting must be ------- to receive calls from company clients at any time.

   (A) necessary
   (B) available
   (C) apparent
   (D) possible

2. Beasley Corporation hopes to ------- Asian markets with its new line of high-tech home appliances.

   (A) access
   (B) proceed
   (C) apply
   (D) update

3. KTP Telecom provides faster Internet speeds for its users, but their prices are not as ------- as ours.

   (A) extended
   (B) regional
   (C) affordable
   (D) intentional

4. A spokesperson for the non-profit organization announced that the largest ------- of money donated during the fundraiser came from Blake Industries.

   (A) amount
   (B) estimate
   (C) industry
   (D) summary

5. Photographer Paul Hancock's work became ------- well-known after being exhibited at several art shows throughout Europe.

   (A) primarily
   (B) rarely
   (C) increasingly
   (D) differently

P6

6. Please do not ask a personal acquaintance to provide a reference letter. -------, a supervisor or co-worker from a previous workplace should supply the letter.

   (A) Instead
   (B) Likewise
   (C) Unless
   (D) Whereas

P7

7. This week's special City Council meeting will focus solely on finalizing the plans for renovations at the Albright Public Library. Citizens who have concerns about this project are welcome to attend and voice their opinion. All other issues will be covered at the next monthly meeting, which is scheduled for June 13.

   The word "concerns" is closest in meaning to

   (A) relations
   (B) investments
   (C) purposes
   (D) worries

TEST 11

1. Swiss Hotel Group will ------- new high-end hotels in locations that are more convenient for travelers using airports in Eastern Europe.

(A) transfer
(B) renew
(C) open
(D) forward

2. Mr. Leed has extensive ------- in supervising workers in various departments at Clark's Food Mart.

(A) experience
(B) deadline
(C) arrangement
(D) improvement

3. Raleigh Accounting has an ------- reputation for offering new graduates their first job in the field.

(A) independent
(B) internal
(C) indecisive
(D) impressive

4. We congratulate Ms. Bonnon and wish her luck in her ------- to the new supervisory position at Vimco Inc.

(A) location
(B) transition
(C) cooperation
(D) suspension

5. Corporate headquarters has announced the closure of a company branch whose earnings last year decreased by almost 50 percent compared to ------- years.

(A) broad
(B) previous
(C) coming
(D) nearby

P6

6. Our delivery workers can ------- you in assembling your new Edgemont oak desk after it has been delivered. They will bring all necessary tools and position the desk exactly where you want it.

(A) assist
(B) contact
(C) lend
(D) describe

P7

7. Dr. Merle Howard will begin a nationwide reading tour next week in support of his latest book, *The Music Man's Test*, a fascinating investigation into the links between school performance and music education. Since the tour is not yet fully planned, Dr. Howard's Web site will soon be updated to reflect the locations and dates of his readings. Additional information about his work can also be found there.

The word "reflect" is closest in meaning to

(A) return
(B) show
(C) consider
(D) remember

정답 1.c 2.a 3.d 4.b 5.b 6.a 7.b

1. Please ------- the personnel department of your vacation dates before the end of the month.

(A) appoint
(B) revise
(C) confirm
(D) inform

2. Customers can track their parcels on Rapido Shipping's Web site and see the approximate time that the driver will ------- the package.

(A) order
(B) observe
(C) replace
(D) deliver

3. Mr. Inglis ------- a position with Masthead Company's main rival after he didn't receive a pay raise.

(A) offered
(B) resigned
(C) accepted
(D) revised

4. Mr. Arnott ------- recognition for the contributions he has made during his 35 years of service to the firm.

(A) satisfies
(B) deserves
(C) returns
(D) assigns

5. At your -------, Polly Publications will renew your subscription to *Economics Today* immediately.

(A) claim
(B) request
(C) conflict
(D) release

P6

6. Belling Corporation has planned a charity hike to benefit the Springdale Home for the Elderly. The hike will be a distance of seven kilometers and all employees are encouraged to participate. If the hike sounds too ------- for you, please just give a donation instead.

(A) determined
(B) simplified
(C) strenuous
(D) enthusiastic

P7

7. The 5th annual River Run Triathlon will be held next week at Stroud's Park. The event, which has been drawing more than 200 participants per year, is a highlight of physical talent from around the country, and this year, athletes from Europe and Africa are also planning to take part. The event will start at 8 A.M., and an awards ceremony is scheduled for later in the afternoon.

The word "drawing" is closest in meaning to

(A) illustrating
(B) attracting
(C) gaining
(D) provoking

정답 1.d 2.d 3.c 4.b 5.b 6.c 7.b

1. The local newspaper has proven to be an invaluable ------- for Arnold's Diner, as new customers arrive daily after seeing ads for the establishment.

(A) product
(B) event
(C) incentive
(D) resource

2. Gold Fitness's weekly newsletter contains ------- information about the gym's upcoming promotions and schedule changes.

(A) reviewed
(B) expensive
(C) valuable
(D) moderate

3. When Loxley Corporation first began its ------- into the telecommunications industry, no one expected that the company would be as successful as it is now.

(A) expansion
(B) qualification
(C) cooperation
(D) authorization

4. Any sneakers may be ------- to Fred's Footwear as long as all the tags are still attached and an original receipt is provided.

(A) advertised
(B) repaired
(C) substituted
(D) returned

5. Sales of Plinko Chemicals' new laundry detergent have been ------- lower than predicted.

(A) alternatively
(B) considerably
(C) eagerly
(D) gradually

P6

6. Stores may ------- run out of free flash drives in cases of high customer demand. Please call local branches to inquire about availability.

(A) primarily
(B) relatively
(C) adequately
(D) temporarily

P7

7. Critics who praise the television series have noted the careful eye of the director, Vincent Holdt. The amount of <u>consideration</u> that goes into each beautiful scene shows Holdt's talents, and the final product consistently stands out as one of the best television shows being made today.

The word "consideration" is closest in meaning to

(A) attention
(B) revision
(C) respect
(D) payment

정답 1. d 2. c 3. a 4. d 5. b 6. d 7. a

1. The Finbar School of Art offers a wide ------- of art classes for people of all ages.

(A) unity
(B) division
(C) variety
(D) club

2. More and more high school graduates are entering directly into the workforce these days because of the ------- costs of higher education.

(A) assuring
(B) rising
(C) evolving
(D) improving

3. Guests of the Marble Hotel are ------- to leave their keys at the reception desk whenever they go out.

(A) commented
(B) spoken
(C) reminded
(D) insisted

4. The Green Valley Guesthouse would be the most ------- place to stay for anyone attending the 9th Annual Journalism Conference.

(A) reserved
(B) convenient
(C) proficient
(D) apparent

5. Numerous dining ------- can be found in the city's main shopping district, especially on Fleet Street and George Road.

(A) vacancies
(B) products
(C) locations
(D) employees

`P6`

6. Construction began last week in the Trinity Folds area of Columbus. Once the industrial center of the city, it has now been chosen as the ------- of the city's new soccer stadium.

(A) contract
(B) site
(C) team
(D) plan

`P7`

7. The Yeager Hotel features many amenities for its guests. Some of the most popular include a business room, a fully-equipped fitness center, and an indoor swimming pool whose temperature is <u>maintained</u> at a comfortable 26°C. A world-class café situated in the lobby is also a favorite of our guests.

The word "maintained" is closest in meaning to

(A) confirmed
(B) repaired
(C) taken
(D) kept

정답 1. c   2. b   3. c   4. b   5. c   6. b   7. d

1. Coles Shipping takes every precaution to ------- that all antique items arrive at their destinations in perfect condition.

(A) ensure
(B) notify
(C) provide
(D) remind

2. Using Smart Plastic screen covers is the best and easiest way to preserve the ------- of your laptop or cell phone.

(A) instruction
(B) improvement
(C) control
(D) appearance

3. After the 10:30 A.M. talk by Allan Cumming, there will be a 90-minute lunch ------- before the next presentation begins.

(A) location
(B) request
(C) period
(D) dish

4. Pro Sports Gym is offering a free six-month ------- to its new monthly magazine to all customers who sign up for a 2-year membership.

(A) deadline
(B) projection
(C) subscription
(D) placement

5. The new movie reviews section in the *Stanton Daily News* has received a generally ------- response from readers.

(A) attractive
(B) positive
(C) relative
(D) certain

P6
6. I don't have any pets, I don't smoke, and I earn a ------- monthly income, so I am confident that you will find my personality and living habits well suited to your requirements.

(A) steady
(B) current
(C) proud
(D) many

P7
7. The prestigious Culver Prize was first established in 1963 by the Culver-Smith Publishing House and has been given every year since. The award <u>recognizes</u> exceptional achievement in novels, and the authors who win it often go on to achieve both literary renown and commercial success.

The word "recognizes" is closest in meaning to

(A) remembers
(B) establishes
(C) attends
(D) appreciates

정답 1.a 2.d 3.c 4.c 5.b 6.a 7.d

1. At the next board meeting, Ms. Handler will ------- the new hiring procedure to the other members in attendance.

(A) explain
(B) insert
(C) decide
(D) believe

2. Eckhart Enterprises' decision to close two of its factories was ------- sudden and left many shareholders worried.

(A) much
(B) well
(C) just
(D) rather

3. Business experts anticipate that Konan Inc. will ------- release information about its new products at the upcoming technology convention.

(A) commonly
(B) previously
(C) probably
(D) largely

4. Srinagar Trust Properties guarantees that all requests will be processed ------- five business days.

(A) while
(B) until
(C) around
(D) within

5. The manager of the Bluebell Coffee House has received several ------- that dessert portion sizes are unacceptably small.

(A) complaints
(B) recommendations
(C) proposals
(D) guests

P6

6. The BBQ House is happy to ------- drinks separately from food in cases where this is more convenient for large groups of diners.

(A) open
(B) charge
(C) secure
(D) enjoy

P7

7. The final invoice for the tour package will include all lodging and food costs. A small service charge is also included to reflect the hard work of the tour guides who accompany the tourists on the trip. Any additional fees will be <u>presented</u> with receipts to avoid any confusion over the payment.

The word "presented" is closest in meaning to

(A) demonstrated
(B) shown
(C) performed
(D) reserved

정답 1.a 2.d 3.c 4.d 5.a 6.b 7.b

TEST 17

1. Any tenants that ------- a two-year lease with Gilbert Realty by January 15 will receive a reduction on their rate.

(A) inform
(B) speak
(C) appoint
(D) sign

2. The successful candidate will have extensive programming experience ------- comprehensive knowledge of social media marketing.

(A) unless
(B) in addition to
(C) on the other hand
(D) although

3. Mr. Dillon is responsible for overseeing the ------- of the new offices being added to the north wing of Sidwell Enterprises.

(A) distribution
(B) application
(C) distraction
(D) construction

4. The marketing team at Brock Software ------- the low sales numbers to the reduced advertising budget.

(A) suggested
(B) reported
(C) attributed
(D) estimated

5. ------- to the fundraiser banquet were sent out three weeks ago and almost all of the recipients have already confirmed that they will attend.

(A) Invitations
(B) Evaluations
(C) Positions
(D) Decisions

P6

6. The following concerts are scheduled for the rest of the month: Dolly Harper (July 8), Parker Allen (July 15), Ben & Boys (July 22) and The Twilight Orchestra (July 29). The concert ------- is supported by lottery proceeds.

(A) closure
(B) performer
(C) series
(D) function

P7

7. This letter is in response to the cover article published in last month's <u>issue</u>. The piece drew a lot of criticism because readers felt it presented a biased view; however, I would argue that it was actually an impressive and important piece of journalism for voicing and giving light to an unpopular perspective.

The word "issue" is closest in meaning to

(A) publication
(B) matter
(C) distribution
(D) location

정답 1.d 2.b 3.d 4.c 5.a 6.c 7.a

TEST 18

1. In early tests, the maximum speed of the Mozzi R6 sports car ------- 285 kilometers per hour and the vehicle showed very impressive gas mileage.

(A) raised
(B) initiated
(C) improved
(D) exceeded

2. The keynote speaker at the IGN Software Convention will be the ------- game developer, Marty Slattery.

(A) appointed
(B) estimated
(C) renowned
(D) contacted

3. The Braxton office of Oakes and Lindt Law Firm has ------- completed renovations and will reopen next week.

(A) initially
(B) recently
(C) usually
(D) highly

4. Mr. Hogg has ------- his support for the demolition of the old baseball stadium on the outskirts of Arlington.

(A) complained
(B) depended
(C) expressed
(D) informed

5. Tracker Sports Inc. has hired soccer star Christiano Rodolfo to ------- its new range of footwear.

(A) promote
(B) refer
(C) invest
(D) organize

P6

6. I will oversee the recruitment and training of over 150 new factory workers upon my arrival in India. It will be a new challenge for me, and I am excited to have this ------- .

(A) preference
(B) place
(C) concern
(D) opportunity

P7

7. This year's summer fashion trends are striking yet conservative. Those who <u>monitor</u> the ever-changing world of fashion suggest that this new style is a response to the more colorful clothing and outfits seen in previous seasons. Anyway, major retailers are now rushing to pick up clothing lines that incorporate this new, professional look.

The word "monitor" is closest in meaning to

(A) believe in
(B) observe
(C) supervise
(D) depend on

정답 1.d 2.c 3.b 4.c 5.a 6.d 7.b

1. Free sketching classes are ------- every Tuesday at the downtown branch of Clinton Art Supplies.

(A) located
(B) offered
(C) involved
(D) reserved

2. Mr. Rollins spoke to the assembled members of the media only ------- before leaving the press conference.

(A) correctly
(B) easily
(C) widely
(D) briefly

3. Assembly line positions at Blank Electronics require keen eyesight and excellent ------- to detail.

(A) requirement
(B) alternative
(C) attention
(D) guidance

4. Consultants at Gill Financial Services tell clients about all the risks they ------- each time they take out a loan.

(A) present
(B) apply
(C) face
(D) confirm

5. Bill Forsythe is a talented instructor who is able to ------- the audience focused on him whenever he is giving a lecture.

(A) forward
(B) keep
(C) locate
(D) seek

P6

6. Thank you for your ------- about our product. The reason you have been unable to find our CM71-B coffee maker is that this model has recently been discontinued.

(A) inquiry
(B) imagination
(C) maintenance
(D) questionnaire

P7

7. Local residents are divided in their opinions about the upcoming music festival, which is expected to draw a <u>fairly</u> large number of young music fans from around the country. Some business owners in the hotel and food industries look forward to a boost in their profits; others worry the event will disrupt the usual peace and quiet of Bellwood Heights.

The word "fairly" is closest in meaning to

(A) equally
(B) clearly
(C) honestly
(D) rather

정답 1.b 2.d 3.c 4.c 5.b 6.a 7.d

1. If your Buzz Health Milkshake is not shaken vigorously before being opened, the texture of the drink may be -------.

(A) presented
(B) balanced
(C) conducted
(D) affected

2. The owner of Antiques & Art has years of ------- in restoring old paintings.

(A) performance
(B) qualification
(C) expertise
(D) possibility

3. Oxbridge Electronics ------- the prompt approval of its business loan that was granted by Western Bank.

(A) remained
(B) proceeded
(C) welcomed
(D) looked

4. Mr. Anderson asked Ms. Domon to look over the ------- itinerary for her business trip and tell him any parts that she wishes to change.

(A) interested
(B) acquainted
(C) determined
(D) proposed

5. If you pay the ------- amount before the due date, we will gladly waive any additional charges.

(A) promising
(B) excessive
(C) affordable
(D) total

P6

6. Early next year, I will be moving to a new apartment in Oakland to be closer to my family. -------, I have begun searching for property in the city center or the outlying area.

(A) Therefore
(B) Probably
(C) Although
(D) Also

P7

7. A new surgical technique is giving long-sought comfort to those who suffer from chronic back pain. Developed by Dr. Erik Larsson in Sweden, the procedure has proven successful in 92% of its test cases. However, finding a surgeon to <u>perform</u> the operation is difficult since the technique is not well known outside of Europe.

The word "perform" is closest in meaning to

(A) manage
(B) carry out
(C) entertain
(D) deliver

Index

Index

Index

시원스쿨LAB에서 100% 무료로 공부하자

시원스쿨LAB
무료 학습 시스템

TOEIC 실전 문제풀이

무료

하루 5분 투자로 이번달 토익 점수가 바뀐다!
토익 파트별 고퀄리티 퀴즈부터 해설 강의까지 무료로 누려보세요.

시원스쿨 토익 적중 특강

무료

시원스쿨LAB이 100% 적중에 도전합니다!
매월 정기 토익을 예측하고 목표 점수 달성을 위해 꼭 필요한 학습 포인트를 제공합니다.
정기 토익 시험 응시 전, 점수를 올리기 위한 마무리 특강

토익 정답 & 논란문제 실시간 서비스

무료

토익 시험 당일 총평 및 논란문제를
라이브 강의로 빠르게 확인하세요!

토익 무료 레벨테스트

무료

50문제로 토익 예상 점수부터 파트별 취약점까지 완벽 분석!
나에게 맞는 강의 추천으로 선택이 쉬워집니다.

선생님이 직접 관리하는 카카오톡 스터디

무료

데일리 자료와 토익 비법자료, 실시간 1:1 질의응답까지!
이제 온라인에서도 빡세게 관리받으세요.

실전 문제풀이와 무료 특강은 시원스쿨LAB(lab.siwonschool.com)에서 무료로 제공합니다.

세상 어디에도 없다!
토익을 시작하는 분들을 위한 맞춤형 환급반

첫 토익에 목표 달성하세요!	하루라도 빠지면 환급 NO?	토익은 처음인데 성적이 있어야만 환급?	토익 점수가 내 맘같지 않을 때	혼자 공부하기 막막하면
토익 응시료까지 아낌없이 지원합니다.	출석 미션이 없으니 원할 때 공부하세요.	점수 제한 없이 환급! 부담 없이 도전하세요.	365일 수강기간 연장 여유있게 공부하세요.	선생님과의 1:1 카톡스터디로 물어보세요!

목표 달성 후기가 증명합니다.
고민하지 말고 지금 시작이반 하세요!

3주 만에 855점 달성   송•형 | 토익 855점 달성

약 3주간 빡세게 강의를 듣고 모의고사를 풀며 공부를 했습니다.
오늘 나온 결과를 보고 아주 깜짝 놀랐습니다.
첫 시험에 855가 나왔기 때문입니다. 최서아 선생님 정말 감사합니다.

첫 토익 한 달만에 880점 후기   오•경 | 토익 880점 달성

영어 시험은 수능 이후 처음이라서 토익을 공부하는데에 두려움이 있었는데
시원스쿨 덕분에 조금 자신감이 생긴것 같아요!

히트브랜드 토익·토스·오픽·인강 1위
시원스쿨LAB 교재 라인업

*2020-2022 3년 연속 히트브랜드대상 1위 토익·토스·오픽·인강

시원스쿨 토익 교재 시리즈

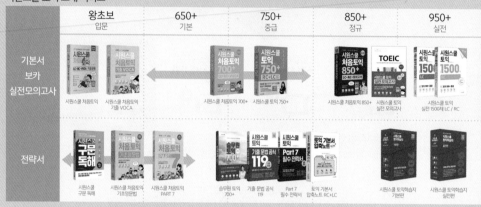

	왕초보 입문	650+ 기본	750+ 중급	850+ 정규	950+ 실전
기본서 보카 실전모의고사	시원스쿨 처음토익 / 시원스쿨 처음토익 기출 VOCA	시원스쿨 처음토익 700+	시원스쿨 토익 750+	시원스쿨 처음토익 850+ / 시원스쿨 토익 실전 모의고사	시원스쿨 토익 실전 1500제 LC / RC
전략서	시원스쿨 구문 독해 / 시원스쿨 처음토익 기초영문법	시원스쿨 처음토익 PART 7	승무원 토익 700+ / 기출 문법 공식 119 / Part 7 필수 전략서 / 토익 기본서 압축노트 RC+LC		시원스쿨 토익학습지 기본편 / 시원스쿨 토익학습지 실전편

시원스쿨 토익스피킹, 듀오링고, 오픽, SPA 교재 시리즈

10가지 문법으로 시작하는 토익스피킹 기초영문법 · 28시간에 끝내는 토익스피킹 START · 5일에 끝내는 토익스피킹 · 15개 템플릿으로 끝내는 토익스피킹 · 시원스쿨 토익스피킹 IM - AL · 시원스쿨 토익스피킹 실전모의고사 10회 · 시원스쿨 토익스피킹 학습지 · Duolingo English Test 개정판 · Duolingo English Test 실전모의고사 · Duolingo English Test 영문판 · Duolingo English Test 기출 보카

시원스쿨 빅오픽 START · 시원스쿨 빅오픽 OPIc IM-IH · 시원스쿨 오픽 IM-AL · 시원스쿨 오픽 실전모의고사 · 멀티캠퍼스X시원스쿨 오픽 진짜학습지 IM 실전 · 멀티캠퍼스X시원스쿨 오픽 진짜학습지 IH 실전 · 멀티캠퍼스X시원스쿨 오픽 진짜학습지 AL 실전 · 시원스쿨 오픽학습지 실전편전략편 IH-AL · OPIc All in one PACKAGE IM-AL · 시원스쿨 SPA · 시원스쿨 SPA 실전 모의고사

시원스쿨 아이엘츠 교재 시리즈 · 시원스쿨 토플 교재 시리즈

빅아이엘츠 Speaking START · 빅아이엘츠 Writing START · 빅아이엘츠 Listening START · 빅아이엘츠 Reading START · 아이엘츠 MASTER · 아이엘츠 기출 VOCA

시원스쿨 TOEFL Basic · 시원스쿨 TOEFL Intermediate · 시원스쿨 TOEFL Actual Tests · 시원스쿨 TOEFL 기출 VOCA · 시원스쿨 TOEFL Speaking · 시원스쿨 TOEFL Writing · 시원스쿨 TOEFL Listening · 시원스쿨 TOEFL Reading

시원스쿨 지텔프 교재 시리즈 · 시원스쿨 텝스 교재 시리즈

지텔프 기출문제집 공식 기출 7회분 · 지텔프 기출문법 · 지텔프 기출VOCA · 지텔프 기출독해 · 지텔프 기출청취 · 시원스쿨 지텔프 최신 기출 유형 문법 모의고사 · 시원스쿨 지텔프 32-50 · 시원스쿨 지텔프 65+ · 시원스쿨 텝스 Basic · 시원스쿨 텝스 청해 · 시원스쿨 텝스 어휘·문법 · 시원스쿨 텝스 독해 · 뉴텝스 서울대 공식 기출문제집